古文書はじめの一歩

油井宏子

柏書房

はじめに

江戸時代の古文書には、〝その時の江戸時代〟がそのままそっくり封印されています。そのタイムカプセルを開ける鍵は、くずし字です。

くずし字を読み解くのは決して難しいことではなく、むしろ、わくわくと楽しいことです。

本書では、山城国（現在の京都府）のある村の文書の一点を読み解きます。くずし字の面白さとともに、興味深いことをたくさん読み取れる楽しさを実感していただきたいと思っています。

幸いなことに、江戸時代を通じて文字のくずし方はほとんど一定です。地域や身分による違いもほとんど見られません。私たち学ぶ側にとって、こんなにありがたいことはありません。一見難しそうに見えるくずし字も、いったん読めるようになってしまえばこちらのもの。ご自分が住んでいらっしゃる地域のみならず、全国各地に残っている古文書があなたを待っているのです。

本書のタイトルは『古文書はじめの一歩』。文字通り〝古文書の世界に、はじめの一歩を踏み出していただきたい〟という願いを込めて書きました。すでに古文書の豊かな奥深さをご存知の方にとっても、さらなる飛躍の一歩になりますように。

二〇〇八年四月

油井　宏子

凡例

一、解読文は、原則として常用漢字を使っていますが、固有名詞その他で旧字体も使用しています。
二、変体仮名は原則として、ひらがなに直しています。
三、助詞として読む場合には、「者」「江」「而」は、漢字のまま小さく右寄せにし、「茂」「与」については「も」「と」と表記しています。
四、カタカナは、ひらがなに直さずに、カタカナのまま表記しています。
五、ゟ（より）、〆（しめ）などの合字（ごうじ）も、そのまま表記しました。
六、解読の際のひらがな読みは、読みやすくするために、読点を多めに打ってあります。

古文書はじめの一歩◉目次

第三章　錠鎰《じょうかぎ》は庄屋方へ　71

第四章　不審者への対応

105

第五章 夜番の名前を読んでみよう 133

第一章　表紙を読んでみよう

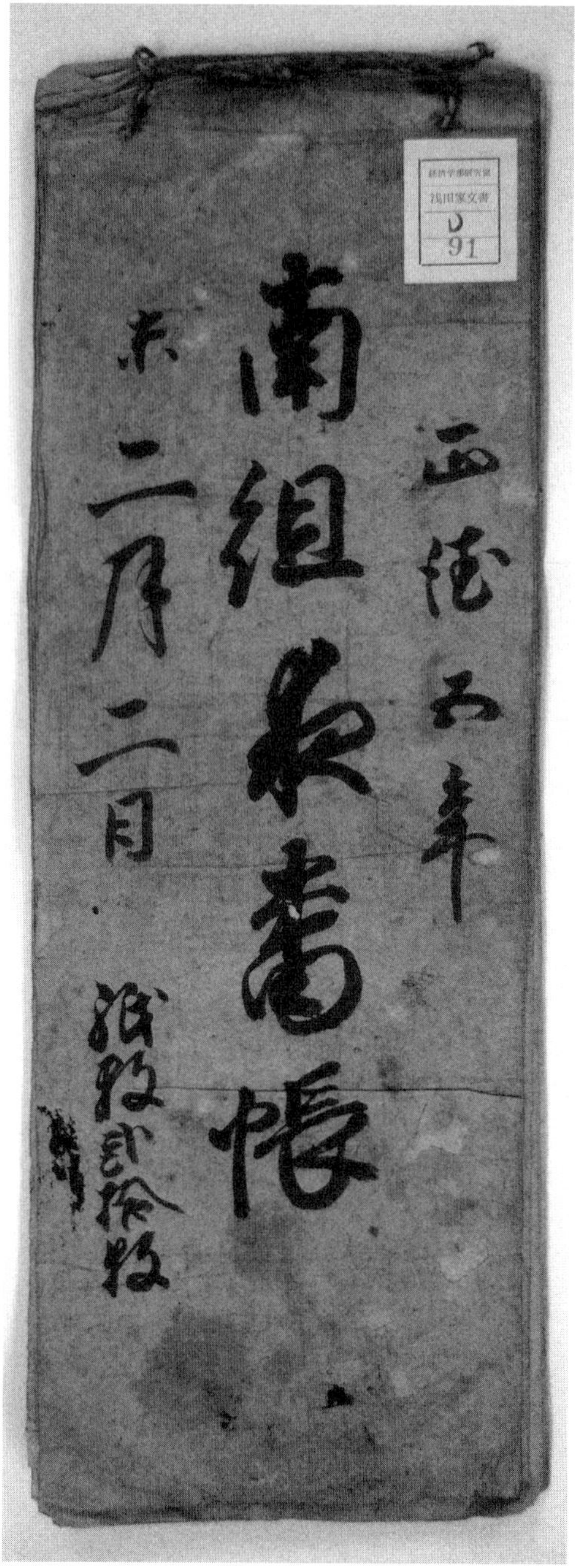

では、表紙からです。まず、どこから読み始めましょうか。

やはり、中央に大きく書かれた表題から読むことにしましょう。

文字は五文字です。

一番上の南は「南」。これは、そのまま読めそうです。

その次の組の偏の糸は「いとへん」です。ということは組は「組」です。「いとへん」は他に糸のようにもくずれますので、「組」は組 組 組 などと出てきます。

真ん中の字が難しいですね。しかし、これが、この文書の中では一番と言ってよいほど重要な文字なのです。これは「夜」のくずしです。「夜」は、江戸時代の文書の中ではたいていこのくずしで出てきます。「夜半」「夜中」「昨夜」といった具合です。ここでは「夜」の後に「番」がありますので、「夜番（よばん）」ということになります。「番」は「番人」「番頭」「月番」などで見られます。本書には「夜」も「番」もこれからたくさん出てきますので、ここでくずし字をじっとにらんで、真似して書いてみて、覚えてしまいましょう。

さて、あと一文字。は「帳面」という意味の「帳」です。「帳」はさらにくずれてのようになります。「人別帳（にんべつちょう）」「通帳（かよいちょう）」「帳付（ちょうづけ）」というわけです。

この文書の表題が「南組夜番帳（みなみぐみよばんちょう）」だとわかりました。「夜番」という言葉から、村の夜回りに関する何らかの史料だと考えられます。どこの村でどのような状況のもとでいつごろ書かれた文書なのかは、解読しながら適宜お話していきます。

なお、本書に掲載の写真や影印は、特に断らない限りは、東京大学経済学部資料室所蔵の『南組夜番帳』からです。

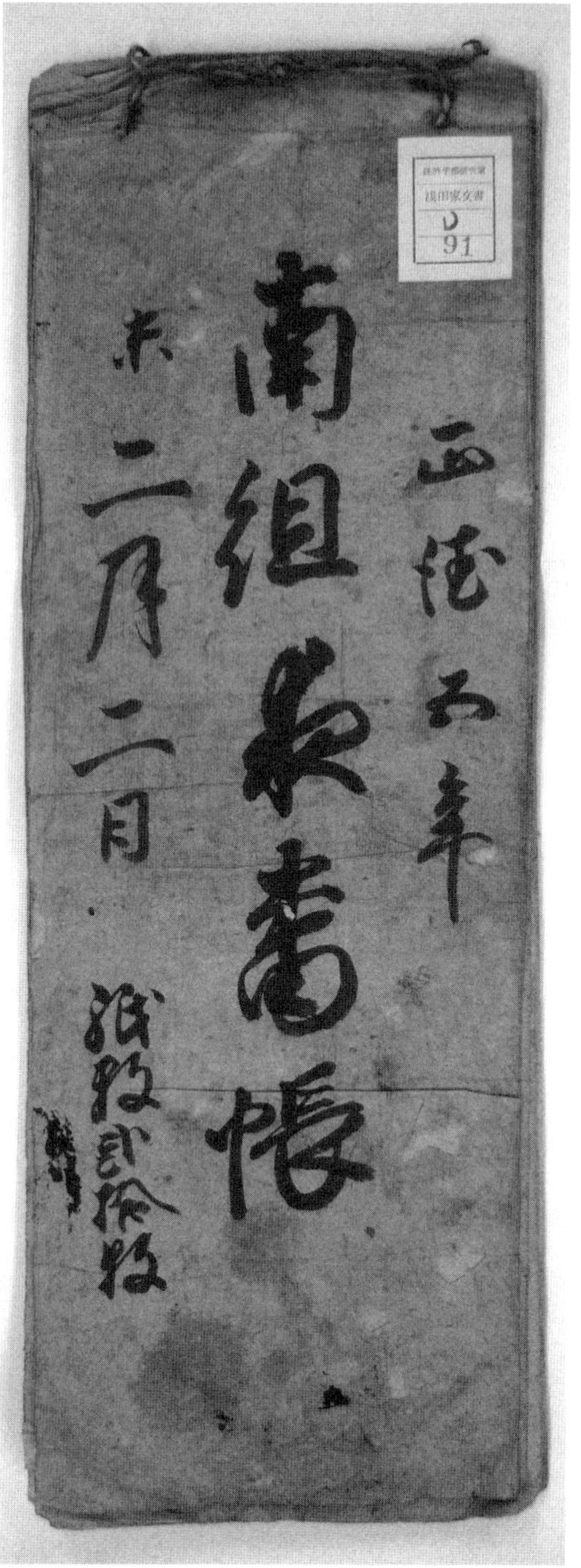

次は、両側に書かれた文字。

まず右側から読みましょう。

は、一番下のが「年」ですので、年号のようだと見当をつけると、が「正徳（しょうとく）」だとわかるかもしれません。「正」をとくずすのは今でも時々見かけます。「徳」の偏は「ぎょうにんべん」です。すっと一直線におりたが「にんべん」で、それにさらに一点が加わったは「ぎょうにんべん」のことが多いですが、

必ずしもそうとは限らずが「にんべん」のことも「さんずい」のこともあります。偏や旁などの漢字の一部は、その漢字を読み解く重要な手がかりになりますので注目してください。しかし、それのみに頼り過ぎずに、前後の文脈から判断したり、声に出して読んだ時に自然に語調がつながり文意が通じるかなど、いろいろな角度から判断することが大切です。

「正徳」は十八世紀の初めごろの元号です。新井白石の「正徳の治」と呼ばれる諸改革でお聞きになったことがあるかもしれません。その前の五代将軍徳川綱吉の元禄・宝永期、その後の八代将軍吉宗の享保期にはさまれた時期になります。

は、何年と書かれているのでしょう。そうですね。「五年」です。「五」は多少読みにくいくずしの場合でも筆順で見分けることができます。まず小さく横棒を引き、そこから左下におり、そこで時計と逆回りにくるっと小さく回りながら左上にあがり、一気に右下におりてきます。「正徳五年」は西暦でいうと一七一五年ですから、三百年以上前の史料ということになります。

左側のは「二月二日」でよいとして、その上のは何でしょう。これは「未（ひつじ）」です。「正徳五年」が未年（ひつじどし）だということですね。江戸時代の文書には、このように十二支あるいは干支（十干十二支）が書かれていることが多く、たとえ年号が書かれていない場合でも、そこからある程度の年代の推測ができることもあります。

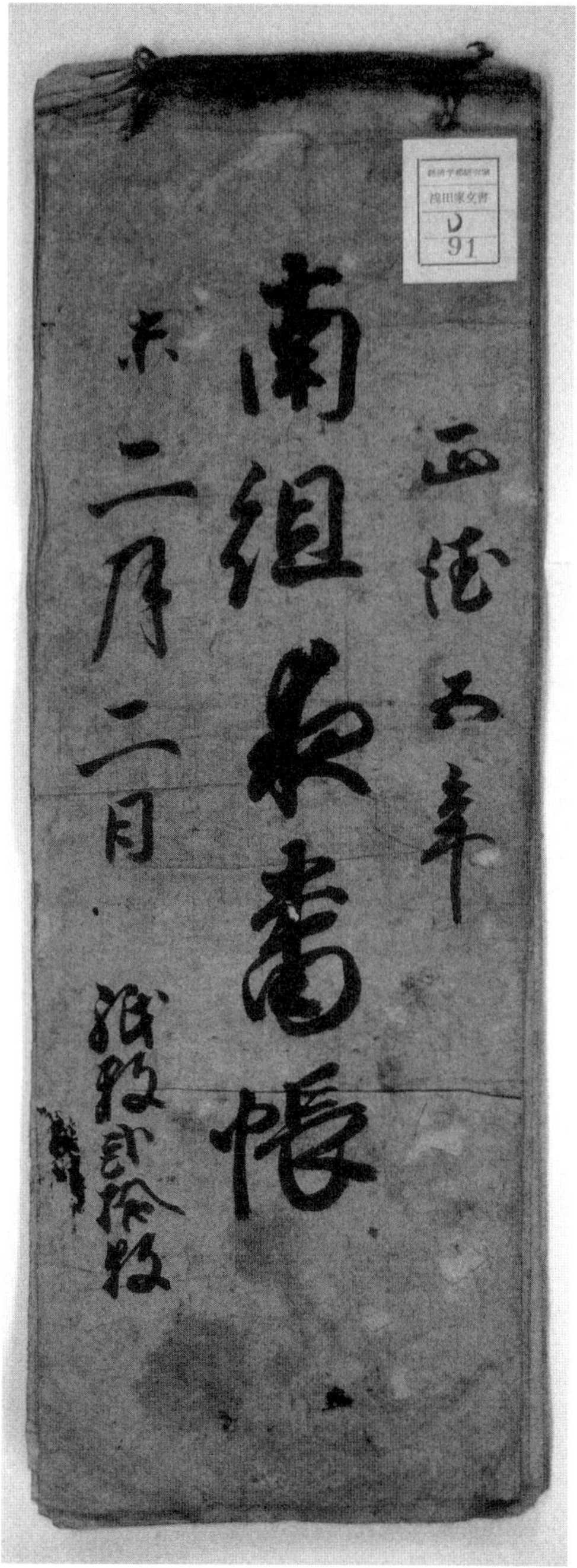

表紙には、まだ何か書かれています。今までの字より少し難しそうです。は「いとへん」に「氏」で「紙」です。表題の「南組」の「組」の「いとへん」のお話をした時に、他にもこのようなくずし方もあるとお話しましたが、早速出てきました。逆に、「紙」の「いとへん」がのように書かれたくずしでも出てきます。は「数」ですからで「紙数（かみすう）」ということになります。は「弐」。漢数字も古文書ではよく使われます。「弐」はのようにくずれます。

拾は扌「てへん」に合「合」で「拾」です。その下の枚は「枚」ですので、「紙数弐拾枚（かみすうにじゅうまい）」となります。これは、この文書の枚数が二十枚であることをいっています。

さて、「弐拾」の横の黒くなった部分は何でしょう。これは、汚れです。字ではありませんので、何と書いてあるのかと頭を悩ませないでください。古文書には虫食いがあったり汚れがあったりします。それらも全部含めて古文書です。何百年も残ってくれたことに感謝して、虫食いも汚れも大切にしながら、解読を進めていきたいと思います。

これで、表紙を読み終わりました。まとめてみましょう。

表紙の写真のくずし字を見ながら、何度も声に出して読んでみてください。

正徳五年
南組夜番帳
未二月二日　紙数弐拾枚

みなみぐみよばんちょう
←
しょうとくごねん、ひつじ、にがつふつか
←
かみすうにじゅうまい

声に出して読むことは、古文書に慣れる意味でとても大切です。表紙には、ほんの少しの文字しかありませんが、それでも、くずし字をしっかり目で追いながら繰り返して読んでいると、新たな発見がそのたびごとにあると思います。

・「正徳」の「正」と「二月」の「二」の高さを揃えて書いているようだ。
・「数」の旁の「攵」と、「枚」の旁の「攵」は、なるほど同じくずしだ。
・ほかにも汚れや虫食いらしいものを見つけた。
・それにしても、「南組夜番帳」は大きな文字だ。どんなことが書かれた文書だろう。

など、何でもよいのです。くずし字をじっとにらんで楽しんでください。また、くずし字の上を指でなぞってみてください。もちろん、他の紙に真似して書いてみてもよいのですが「どのように書いたのだろう」とくずし字の上から筆順通りに指で追ってみるだけでも、見え方が全然違ってきます。「なるほど、こうくずれているのか」「これがこの字のくずし方か」と、それこそ身をもってわかります。

「私の発見」や「私の疑問」を大切にして、疑問はそこで無理やり解決しようとせず、しかし忘れずに頭の中や心の中に大事に持ちながら、これから出会うたくさんの古文書の中にその答えを見つけていくつもりで、じっくり取り組んでいくことにしましょう。

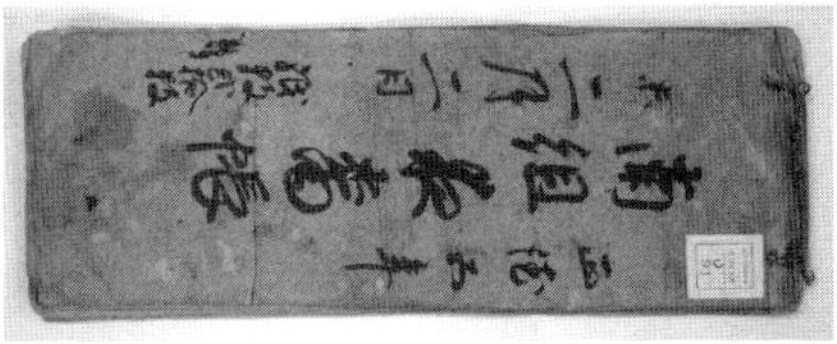

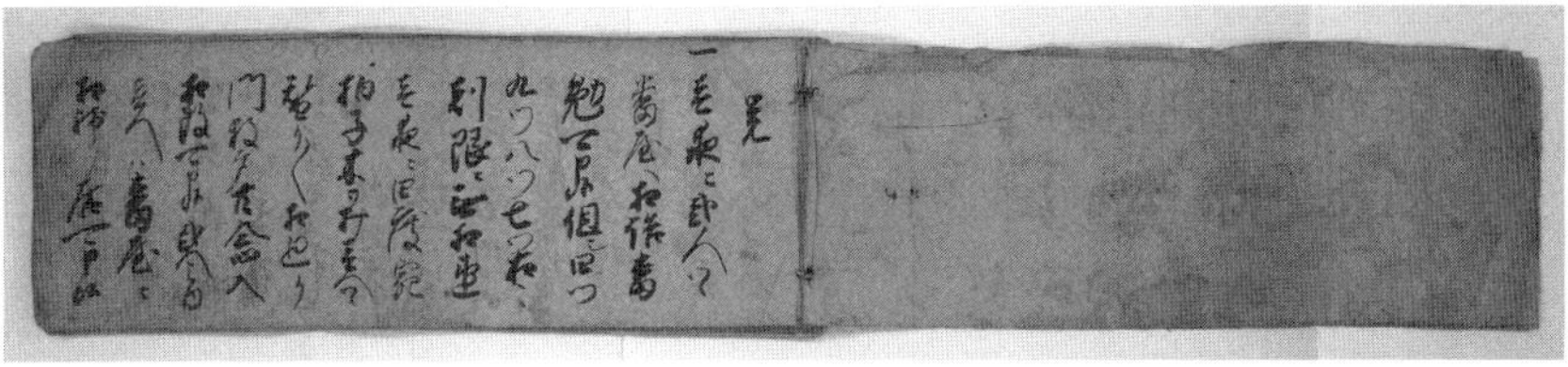

さて、上の写真をご覧ください。『南組夜番帳』は、和紙を横に半分に折って右端を綴じた冊子で、文書の形態でいうと「横帳」です。

表紙（上の写真）を右手に開くと、下の写真のように横にとても長い帳面になります。縦は短いのです。縦一行には十文字も書かれていません。

この文書からは、村の人々が自分たちの村をどのように守ろうとしていたか、夜の警備についてどのような取り決めをしていたかがわかります。次の節からそれを読み進めていきましょう。

上の写真や、時々入れる文書の全体像から、もとの史料をイメージしながら読んでいってください。

櫓時計（『娘敵討故郷錦』より）

第二章

夜回りは二時間おきに

第一節　夜番は毎晩二人ずつ

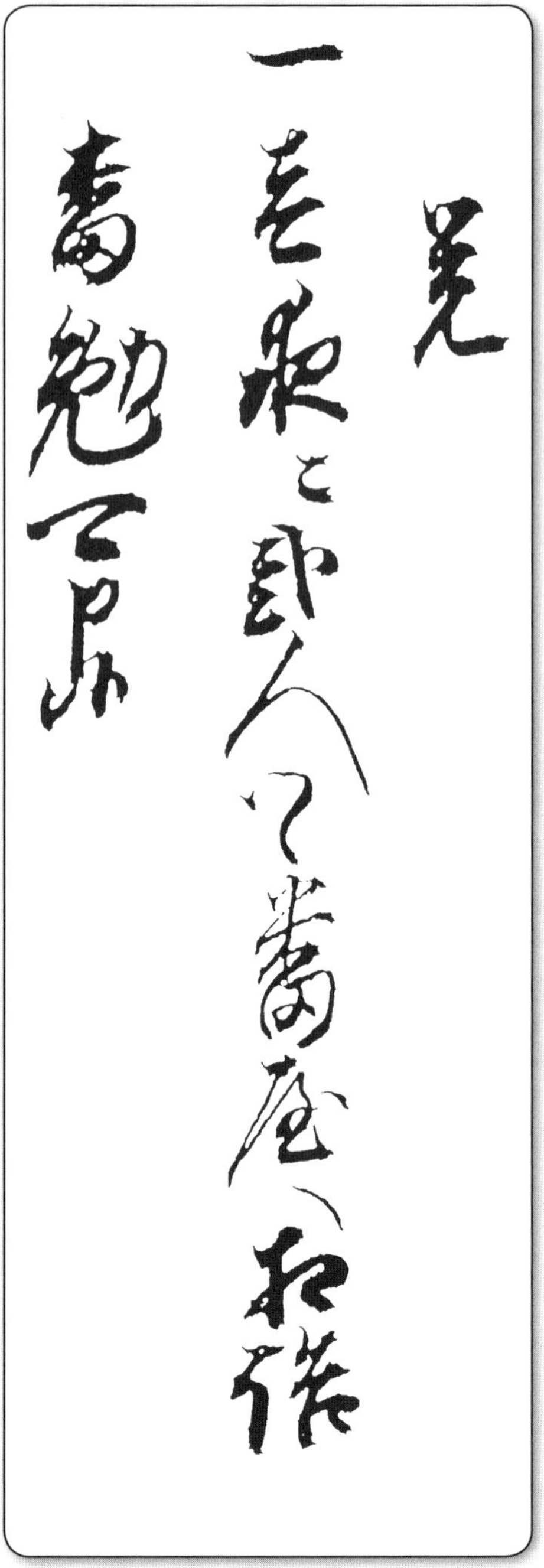

では、本文を読んでいきましょう。

先ほどお話したように、一行がとても短いので（一七頁写真参照）、一行目に二行目を続けるというようにしながら、文意の区切りのよいところまで読むことにします。もともと、古文書には句読点がありませんので、文章の区切りや意味の区切りがどこにあるかを読みながら判断していかなければなりません。

一番初めはです。下の部分に注目してください。このは「見」のくずしです。上のが「⺍」ですのでは「覚（おぼえ）」となります。

次はです。これは「一」ですが、「ひとつ」と読んでください。「一つ書き」と言われる形式で、「ひとつ、何々」「ひとつ、何々」という形で、伝えたいことが列挙されていきます。どこまで行っても「ひとつ」で、「ふたつ」にはなりません。「一つ書き」は、制札（高札）のような短い文に限らず、長い文章の場合でも使われ、江戸時代の多くの文書で見られます。この『南組夜番帳』には、三つの「一つ書き」が書かれています。私たちは、まずその一つ目の「一つ書き」を読み始めたことになります。

ここまでがひと区切り。三文字ありますが、見たことがある字があります。「夜」ですね。表題の「南組夜番帳」の「夜」とほぼ同じくずしです。は「壱」のくずしです。お手本のような典型的な「壱」のくずしですので、真似して書いておいてください。「壱村」「壱両」「壱分」などと使われます。はカタカナの「ニ」。古文書の中には、漢字もカタカナもひらがなも出てくるのです。は「壱夜ニ（いちやに）」と読めました。一晩に、という意味です。

次はまでがひとまとまり。ここにも、見覚えのある字があります。は「弐」でした。表紙の「紙数弐拾枚」の「弐」です。この場合の「夜」や「弐」

のように、前に出てきたくずし字と比べてみることで、「なるほど、そうか」と読めるようになります。その経験を積み重ねていってください。は、ずいぶん大きく開いていますが「人」です。次のには、二文字書かれています。の部分がカタカナの「ツ」、はカタカナをもう一度繰り返して書くという意味を表す「ヽ」。つまりで「ツヽ」と書かれているのです。古文書に初めて接した方はびっくりなさるでしょうが、慣れてしまえばだいじょうぶ。ここで知っておいてください。

ついでに、ここで踊り字（繰り返し）の表記のしかたを確認しておきましょう。

・「カタカナ」の繰り返しは「ヽ」……………「ツヽ」「ハヽ」「マヽ」
・「ひらがな」の繰り返しは「ゝ」……………「つゝ」「はゝ」「まゝ」
・「漢字」の繰り返しは「々」………………「常々」「追々」「段々」

これから出会う古文書の中で、踊り字のくずし字が実際にどのように書かれているかを楽しみにしていてください。ただし、この『南組夜番帳』の中には、「ひらがな」と「漢字」の繰り返しが出てきませんので、他の文書からの例をご紹介しておきましょう。

「すゝめ」、「たゝき」、「なさゝる」、

「猶々」、「常々」、「村々」、

では、本文にもどります。

「弐人ツヽ」とわかりました。これは「ふたりずつ（ヅヽ）」のことです。古文書には濁点が打たれていないことがほとんどです。必要に応じて適切なところに濁点を付けて読むと、意味も語調も通じます。ただし、くずし字を活字に直してノートや原稿用紙に書く時には、古文書に濁点がないのに打ってしまってはいけません。あくまで「弐人ツヽ」とそのまま書いて、読む時に「ふたりずつ」と読んでください。

次のは、どうでしょうか。

「番」は、「南組夜番帳」の「番」ですね。は「屋」のくずしです。の部分が「至」のくずしになっています。「屋」は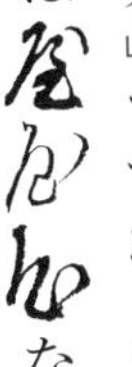などとくずれていきます。「屋敷」「小屋」、何々屋という屋号などで文書の中に出てきます。これは何でしょう。「へ」と書かれていると読んでください。「へ」は、このように左側の斜線がほとんどない形で書かれていることが多いのです。

「番屋へ（ばんやへ）」と読めました。

次は。は「相」のくずしです。「相」は本当によく古文書に出てきます。しかも、これが典型的なくずしですので、上から指でなぞって覚えておいてください。「相成（あいなり）」「相渡（あいわたし）」「相願（あいねがい）」「相済（あいすみ）」など一つの文書の中に複数使われているのがふつうです。「相」自体にはあまり意味がなく、接頭語的に使われています。

ここでは「相」の次の字は「詰」。が「ごんべん」でが「口」です。「相詰」（あいつめ）」と読めました。

どこに「詰める」のでしょうか。「番屋へ」ですね。「夜番」は、と「壱夜ニ」「弐人ツヽ」とありました。つまり〝毎晩二人ずつ割り当てられていた夜番が、番屋に詰める〟という取り決めがなされていたことがわかります。

次に進みましょう。

これはわかりそうです。「番勉」ですね。「番」は「南組夜番帳」「番屋へ」に続き三度目ですので、もう目に慣れましたか。「勉」も「免のくずしが右にのびた形」と「力」で見分けやすそうです。読み方はどうでしょうか。「番勉（ばんつとめ）」と読むと意味も通じます。「夜番」の役の責任を果たすということですね。

さて次は〝よく出てきてくれました〟と言いたくなるような、大切な表現です。

は、三文字それぞれが重要な字です。

は「可」。可能の「可」ですが、「べし」と読むことが多いです。たいてい、下からひっくり返って読みます。ここでのくずしは、ひらがなの「て」のような形ですが、のようなくずしもあります。そして、次の語へのつながり方によって、「べし」「べく」「べき」「べから」などと読み分けます。「可ニ相渡」（あいわたすべし）」「可ニ相渡」候（あいわたすべくそうろう）」

「可二相渡一事（あいわたすべきこと）」「不レ可二相渡一（あいわたすべからず）」といった具合です。
次のは「申」のくずしです。左半分がなく、真ん中の横棒もない、この「申」の形が一番よく出てきます。さらにくずれるととなり、右の半円が点になってしまいます。「申達（もうしたっす）」「申遣（もうしつかわす）」など、いろいろ見られます。

は「候」です。「候」にはいろいろなくずしがありますが、これは近世文書に本当によく出てくる「候」です。他にも、といった「候」が見られます。

「可レ申候」。これで「もうすべくそうろう」です。「番勉可レ申候（ばんつとめもうすべくそうろう）」で、「夜番を務めなければならない」「しっかり夜番を務めるように」といった意味になります。

第一節の解読は、次のようにまとめられます。

覚（おぼえ）

一、壱夜ニ弐人ツヽ、番屋へ相詰（ひとつ、いちやにふたりずつ、ばんやへあいつめ
番勉可レ申候、（ばんつとめもうすべくそうろう）

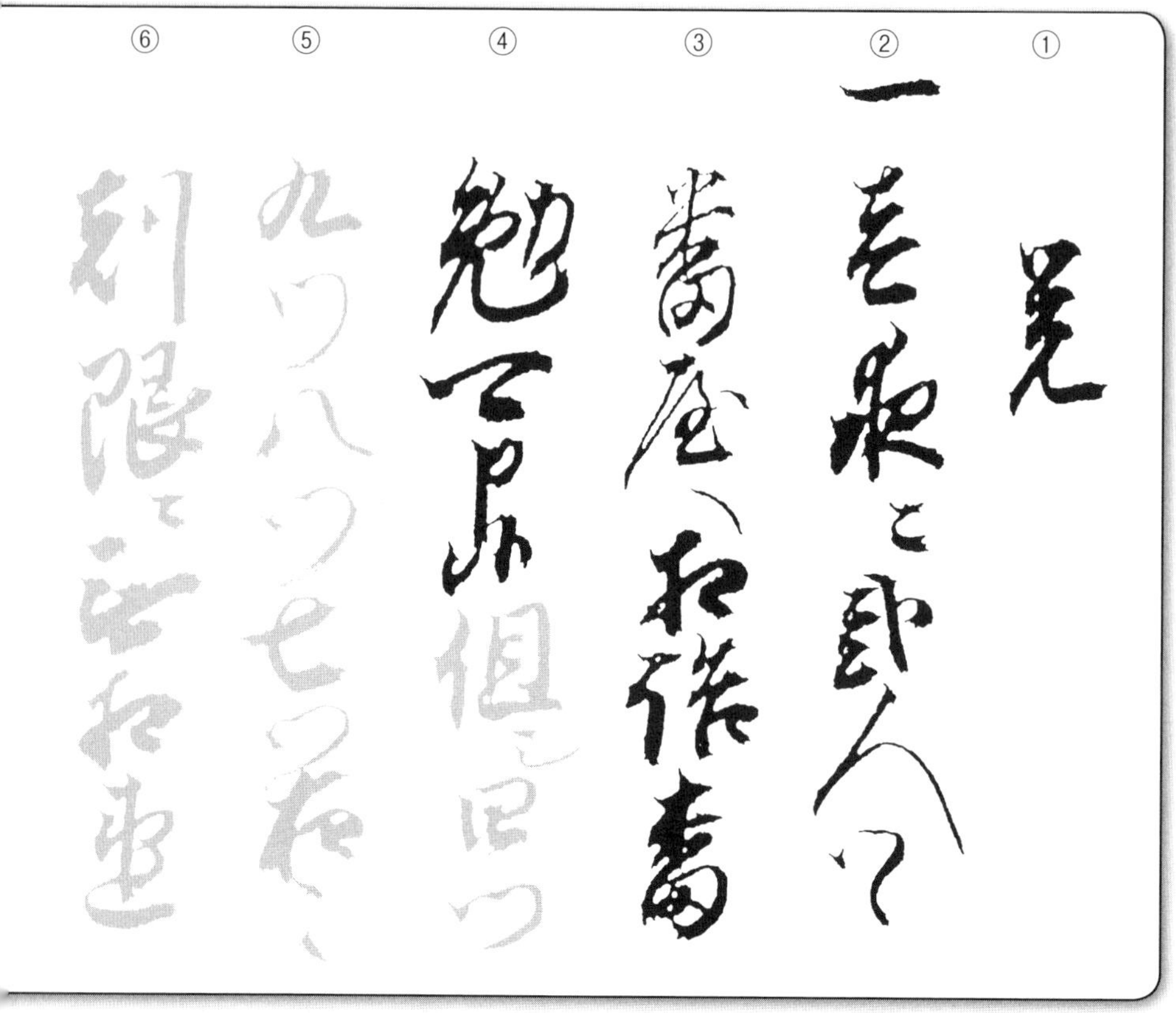

ここまでで、④行目の途中まで読めました。

①行目からそこまで、くずし字をしっかり目で追いながら何度も音読してください。ご自分の声を聞きながら古文書のリズムが自然に身につきます。すると、初めての文書を読んだ時にも、それまで音読したことのある表現が自然に口をついて出てきて「この字はおそらくこう書いてあるのだろう」と推測できるようになります。

さて、今までは〈②行目の「夜」は、表題で見た「夜番帳」の「夜」に似ている〉

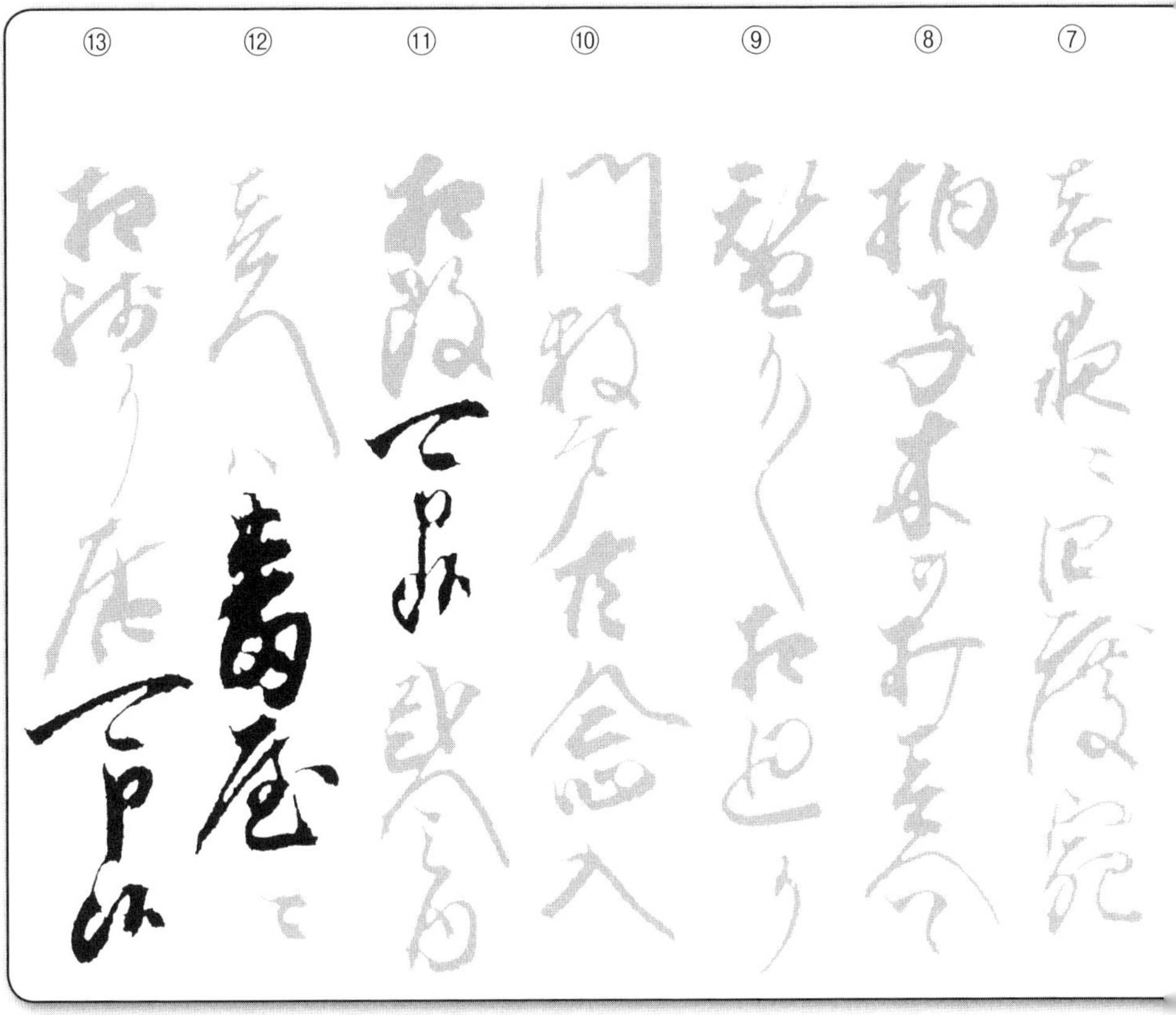

というように、前に出てきた字と比べながら覚えてきました。

ここで試しに、先の方を見てみましょう。今までの知識で読めそうな字があるでしょうか。

まず、④行目の「可レ申候」と同じくずしをさがしてみましょう。

・⑪行目の

・⑬行目の

これらは、まさにそっくりです。

③行目の「番屋」と、これまたそっくり同じくずしが⑫行目にあります。

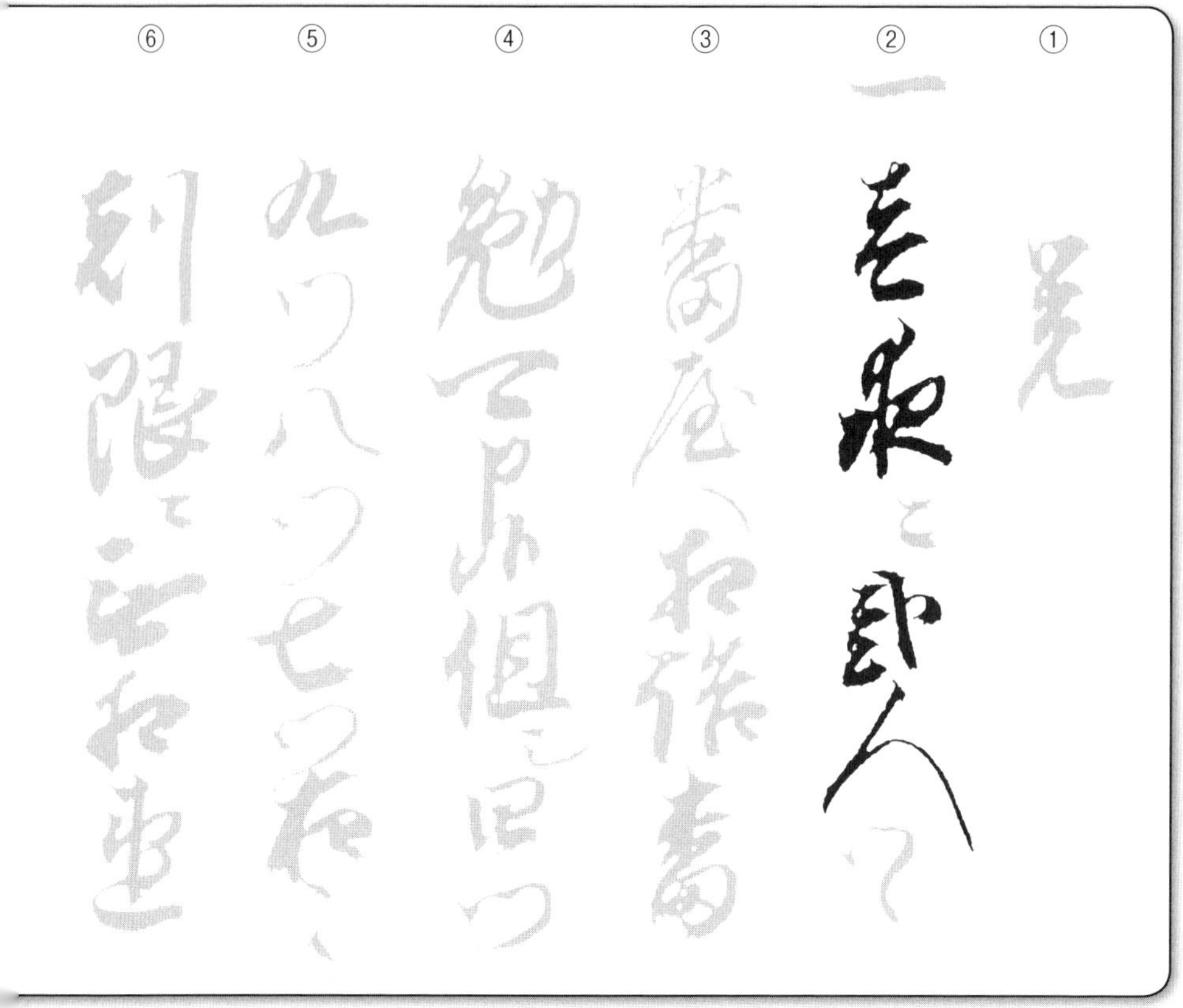

次は、②行目の

・「壱夜」の「壱」

・「弐人」の「弐」

に関係ありそうな文字を拾ってみましょう。つまり、「壱」「弐」やそれにつながる言葉です。

ありましたね。

・⑦行目の「壱夜」

これは②行目の「壱夜」にそっくりです。

・⑧行目の

これは「壱夜」と「弐人ッ、」の応用ですね。「壱人ッ、」です。「人」も「ッ、」もぐっと縦に縮まってしまったようなくずしで、少しわかりにくかったかも

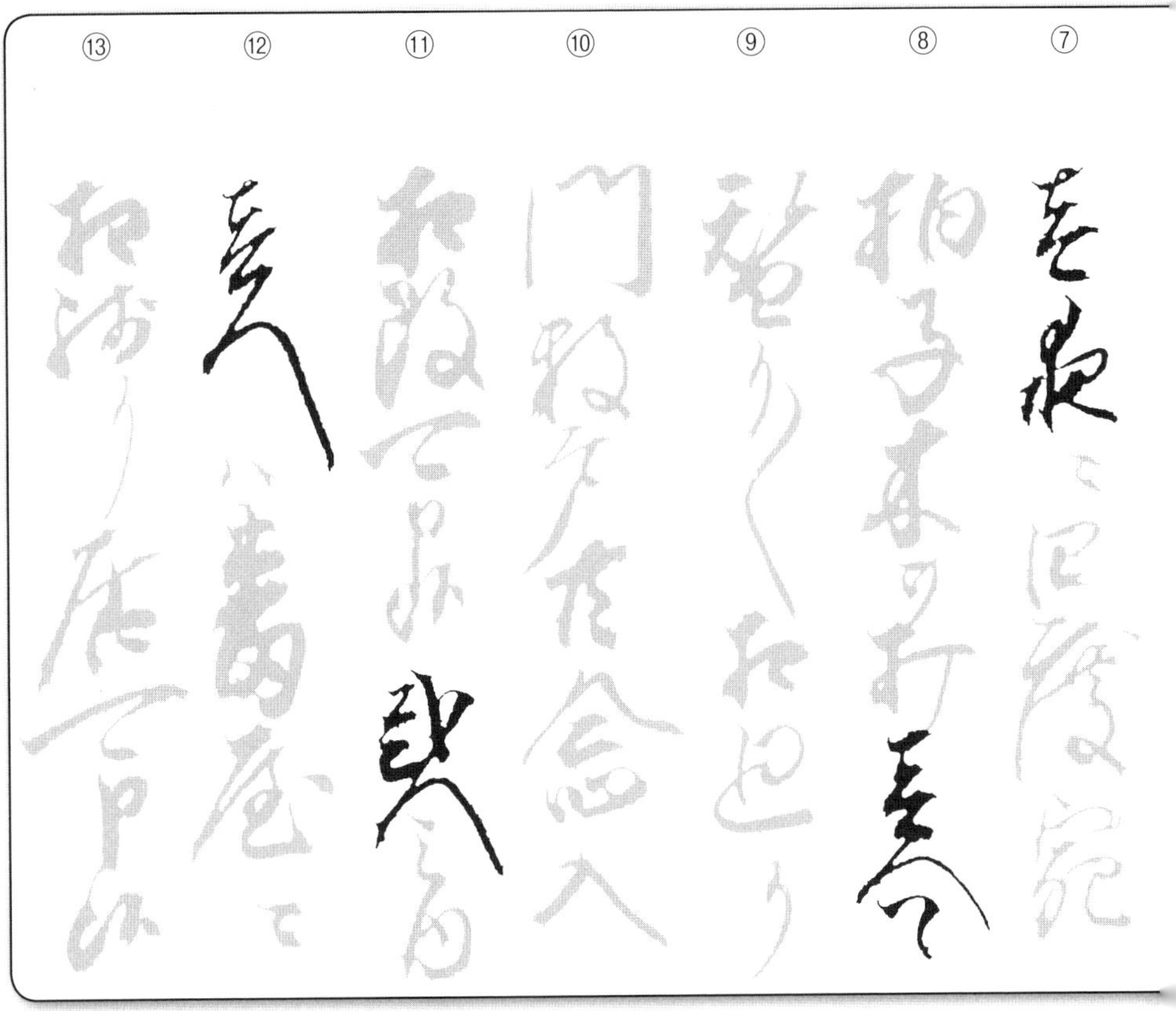

しれません。でも、これが読めれば、次の二か所は読めてしまいます。

- ⑪行目の「弐人」
- ⑫行目の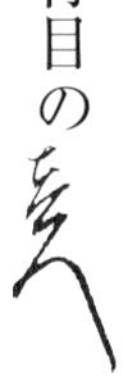「壱人」

☆〝どこかで見たことのある字だ〟と前にもどってさがす。

☆〝先の方にも同じ字があるかな〟とちょっとのぞいてみる。

その箇所では読みにくかったくずしが、その先にあるよく似たくずし字が読めて〝わかった〟となることもあります。このようなことを繰り返していると古文書が〈文字として〉見えてきます。

第二節　四ツ・九ツ・八ツ・七ツの刻限に

さて、新しい字との出会いも楽しみに、また続きに戻って読み進めていきましょう。

は、きれいに書かれています。「にんべん」に「旦」で「但」です。は「シ」ですから、「但シ（ただし）」。

次は数字が並んでいますね。

「四」は、たいていこのようにくずれます。は「ツ」。ひらがなの「つ」と見てもよいと思いますが、ここでは「ツ」と表記しておきます。いずれにしても、もとになった漢字は「川」です。

その後も九ツ八ツ七つ「九ツ・八ツ・七ツ」と続いています。

これは、何を表しているのでしょう。

そうですね。時刻を表しています。

江戸時代の史料を読んだり、歴史小説を楽しんだりしていると、時刻を表すいろいろな表現にお目にかかります。

・お江戸日本橋七ツ立ち
・お八ツを食べる
・暮れ六ツの鐘が鳴った

これらの中には「七ツ」「八ツ」「六ツ」という言葉が使われています。数字を使った時刻表現と言えます。それに対して

・子の刻（ねのこく）
・丑三つ（うしみつ）

などもお聞きになったことがあるでしょう。「子」「丑」は十二支です。現在でも「草木も眠る丑三つ時」という言い方をします。また、「正午」「午前」「午後」などは「午（うま）」を基準にした言い方です。〝正（まさ）に午の刻〟が「正午」であり、〝午の刻より前〟だから「午前」で、〝午の刻より後〟だから「午後」というわけです。

〈数字を使った時刻表現〉と〈十二支を使った時刻表現〉の二通りがあることがわかりましたが、まずその前提になることをお話する必要があります。

江戸時代に庶民生活で使われていた不定時法では、昼夜によって、また季節によって一刻（いっとき）の長さが違いました。なぜかというと、夜明け（明け六ツ）と日暮れ（暮れ六ツ）を基準にして昼夜を決めていたからです。夜明けとは、日の出の約三十分前の薄明かりが始まる時刻です。日暮れとは、日の入りの約三十分後の薄明かりが終わる時刻です。その〈夜明けと日暮れの間〉を昼としました。

このように決められた昼夜は十二時間ずつというわけではありませんので、そのそれぞれを六等分する昼の一刻と夜の一刻の長さは違います。さらに同じ昼の一刻でも、夏と冬ではかなり違ってきます。たとえば、夏至のころには二時間四十分程もあり、冬至は一時間五十分ぐらいということになります。

こんなに複雑だったら、さぞかし不便だったろうと思われるかもしれませんが、そうでもなかったようです。夜明けと日暮れをもとにした本来の人間の生活リズムに合った形だったのですね。江戸の人々は〝時の鐘〟の音で時刻を知りました。明け六ツの鐘は、季節によって違う時刻に鳴ったことになります。私たちのように分刻み・秒刻みの生活をし、また明るくても暗くても午前六時は午前六時、という観念とは違った時間の流れがあったことがわかります。
こういうわけですので、不定時法と現代の時刻を対応させようとすると、季節の違いなどによる多くのパターンを必要として、かえって煩雑になってしまいます。そこで、仮に昼を十二時間、夜も十二時間とします。これが定時法です。この定時法を基準形として説明し、不定時法では季節によって少し時間がずれると考えることにしましょう。それで十分理解しやすくなると思います。

では、まず、わかりやすい方の〈十二支を使った時刻表現〉からお話します。

子（ね）・丑（うし）・寅（とら）・卯（う）・辰（たつ）・巳（み）・午（うま）・未（ひつじ）・申（さる）・酉（とり）・戌（いぬ）・亥（い）の十二支です。

二十四時間で十二支ということは〝二十四割る十二は二〟ですから、子の刻も丑の刻も二時間ずつとなります。子の刻がどこからスタートするかを知ると、一周できることになります。頭の中に、一周が二十四時間の円を思い浮かべてみてください（四一頁参照）。

「子」は、午前0時を中心とする二時間。つまり、午後十一時から午前一時とするのが一般的です。

「丑」はその次の二時間ですから、午前一時から三時になります。「丑」はよいとして、では「丑三つ」の「三つ」は何でしょうか。丑の刻の二時間を四等分してください。三十分ずつという計算になります。その一つ目が「丑一つ」であり、三つ目が「丑三つ」です。つまり、午前二時から二時半ごろが「丑三つ」となります。なるほど、お化けが出そうな深夜の時間帯です。

さらに時計回りでまわっていくと、正午を挟む二時間が「午（うま）」になるのがわかります。一刻（二時間）の真ん中を「正刻（しょうこく）」と言います。「午の正刻」だから「正午」です。先ほどお話したように、「正午」「午前」「午後」は、「午」を基準にした言い方だったことが確認できます。

さて、ちょっとややこしいのが、『南組夜番帳』に出てきている「九ツ・八ツ・七ツ」などの〈数字を使った時刻表現〉です。

まず、わかりやすい「六ツ」からいきましょう。

「明け六ツ」は午前六時、「暮れ六ツ」は午後六時です。もちろん、先ほどお話したように、不定時法では季節によって前後しますが、ここでは定時法で考えていますので「六ツ」＝「六時」とうまい具合に対応します。

次は「九ツ」に注目します。真夜中の午前0時と正午が「九ツ」です。「六ツ」同様に、二十四時制の時計でいうと向かい合った対角線方向の時刻を同じ数字で表わしていることがわかります。では、「九ツ」と「六ツ」の間がどうなっているかを二十四時制で書いてみましょう。

・「九ツ」……0時・十二時
・「八ツ」……二時・十四時
・「七ツ」……四時・十六時
・「六ツ」……六時・十八時
・「五ツ」……八時・二十時
・「四ツ」……十時・二十二時

「四ツ」の次は「九ツ」に戻っています。つまり、九↓八↓七↓六↓五↓四↓九↓八↓七↓六↓五↓四↓と、一日の中で繰り返していることになります。

時間が進んでいっているのに、「九ツ」の次に「八ツ」と下がるのは何とも納得がいかない気がします。これには、次のような暦法の説明が有効かもしれません。

九ツ↓八ツは、下がっているのではなく、実は上がっている。なぜかというと、八ツの「八」は、九×二＝十八の一の位の「八」である。つまり、本来は「八ツ」ではなく「十八ツ」の意味である。しかし、「十八ツ」と長く言うのは煩わしく、また十八も時の鐘を鳴らすのも大変である。だから、十の桁を省略して「八ツ」とした。

つまり、次のようになります。

・「**九**ツ」……九×一＝**九**　↓「**九**」
・「**八**ツ」……九×二＝十**八**↓「**八**」
・「**七**ツ」……九×三＝二十**七**↓「**七**」
・「**六**ツ」……九×四＝三十**六**↓「**六**」
・「**五**ツ」……九×五＝四十**五**↓「**五**」
・「**四**ツ」……九×六＝五十**四**↓「**四**」

これで、鐘を五十**四**回も鳴らすことなく、「**四**ツ」となる。

この説明で少し納得がいったでしょうか。九は、中国の陰陽の考え方では縁起がよいとされている特別の数です。その九の倍数分を増やしていき、下一桁を取った。だから、見かけの上では減っているようだが実は増えていっている。こんなことを、頭に入れていただいて江戸時代の時刻制度を見てみると、面白いと思います。

『南組夜番帳』の「四ツ・九ツ・八ツ・七ツ」から、思わず長いお話をしてしまいました。四ツは午後十時です。次の九ツ・八ツ・七ツは、数字は減っていっていますが、午前0時↓午前二時↓午前四時と、二時間ずつ進んでいることがわかりました。

くずし字に戻りましょう。これは何でしょう。は「右」と読んでよさそうです。の部分は、真ん中の部分が虫食いで欠けてしまっていますがと書かれていると見ましょう。すると、「右之（みぎの）」となります。「之」は「の」「これ」と読み、古文書にたくさん出てくる文字です。

「刻限ニ」は、きれいに書かれています。「限」のは「こざとへん」で「附」「除」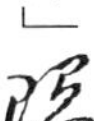「隠」「障」「隣」などにも出てきます。旁の「艮」の方は「銀」でも見られます。「限」はなどとくずれて、「年限（ねんげん）」「日限（にちげん・ひぎり）」と書かれます。

ここは大切なところです。は「無」のくずしです。「無」はのようにくずれ、文書の中にたくさん出てきます。「無用（むよう）」「無心（むしん）」「無事（ぶじ）」などと上から下にそのまま読むこともありますが、「何々無く」と返って読むことが多い字です。たとえば先ほど出てきたばかりの「之」と一緒になった「無レ之（これなく）」は頻出です。「無ニ御座一候（ござなくそうろう）」などもよく出てきます。

ここでも返って読んでください。「無」より先に読むのがの部分です。上の方の

くずし字は、どこかで見ましたね。「番屋へ相詰」の「相」でした。

その下の字のは「しんにょう」です。は「違」では「無ニ相違一（そういなく）」と読みます。「違」は「麦」に「しんにょう」が書かれた「遠」で出てくることがほとんどです。「違背（いはい）」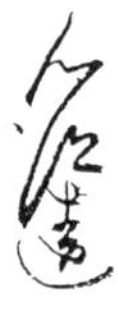「心得違（こころえちがい）」などで見られます。

「右之刻限ニ無ニ相違一（みぎのこくげんに、そういなく）」は、〝先ほど述べた時刻を間違えることなく〟と解釈することができます。その「右之刻限」は「四ツ・九ツ・八ツ・七ツ」＝「午後十時・午前0時・午前二時・午前四時」のことでした。

・四ツは覚えていたけれど、九ツを忘れた
・八ツは面倒だから飛ばした
・七ツは眠ってしまっていた
・だいたい適当な時間にしてしまった

などということがないように、とのことでしょう。この時刻に何をするべきかの具体的な内容は、次に書かれていると予想できます。

では、第二節の解読をまとめてみます。

但し、四ツ・九ツ・八ツ・七ツ（ただし、よつ・ここのつ・やつ・ななつ）
右之刻限ニ無二相違一（みぎのこくげんに、そういなく）

第二節では、江戸時代の時刻についてお話しました。

いろいろな辞典類の参考資料などに二十四時制の時計があり、それらに〈十二支を使った時刻表現〉と〈数字を使った時刻表現〉が書き込まれたものを、今までにもご覧になったことがあると思います。お手元にあって、しょっちゅう引いていらっしゃるかもしれません。

しかし、それらがない時でも、簡単に自分で書いてしまうことができます。

四〇頁から、その手順を図示してみます。

「なるほど、思ったより簡単」と思われるでしょうし、時刻の仕組みもつかめます。

楽しみながら、書いてみてください。

【準備】

① 円を描く

② 縦、横十文字に割る

③ 直角のところを三等分する

④ 頂点を0時として2時間おきに入れていく

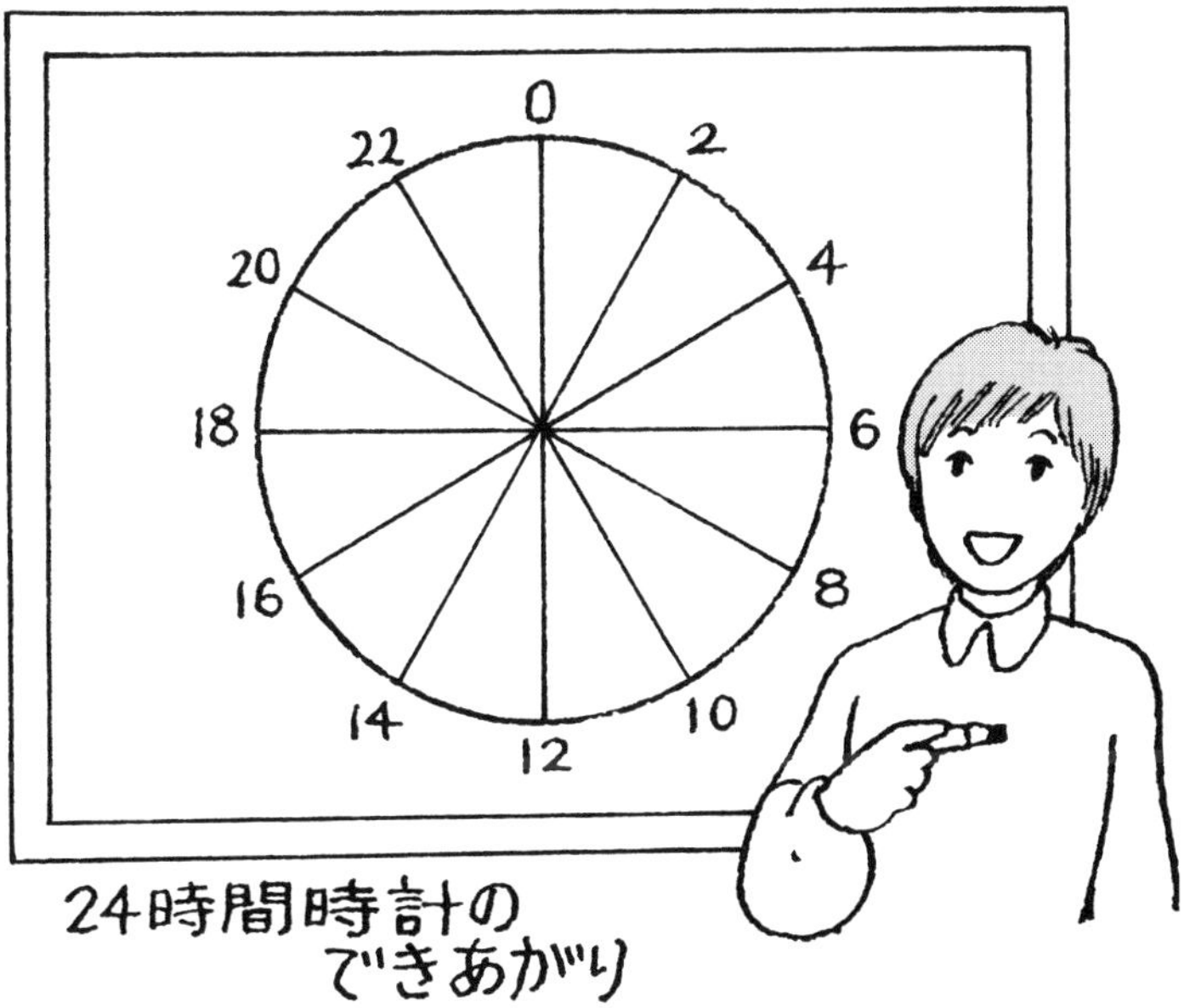

⑤ 図に「子」を入れる

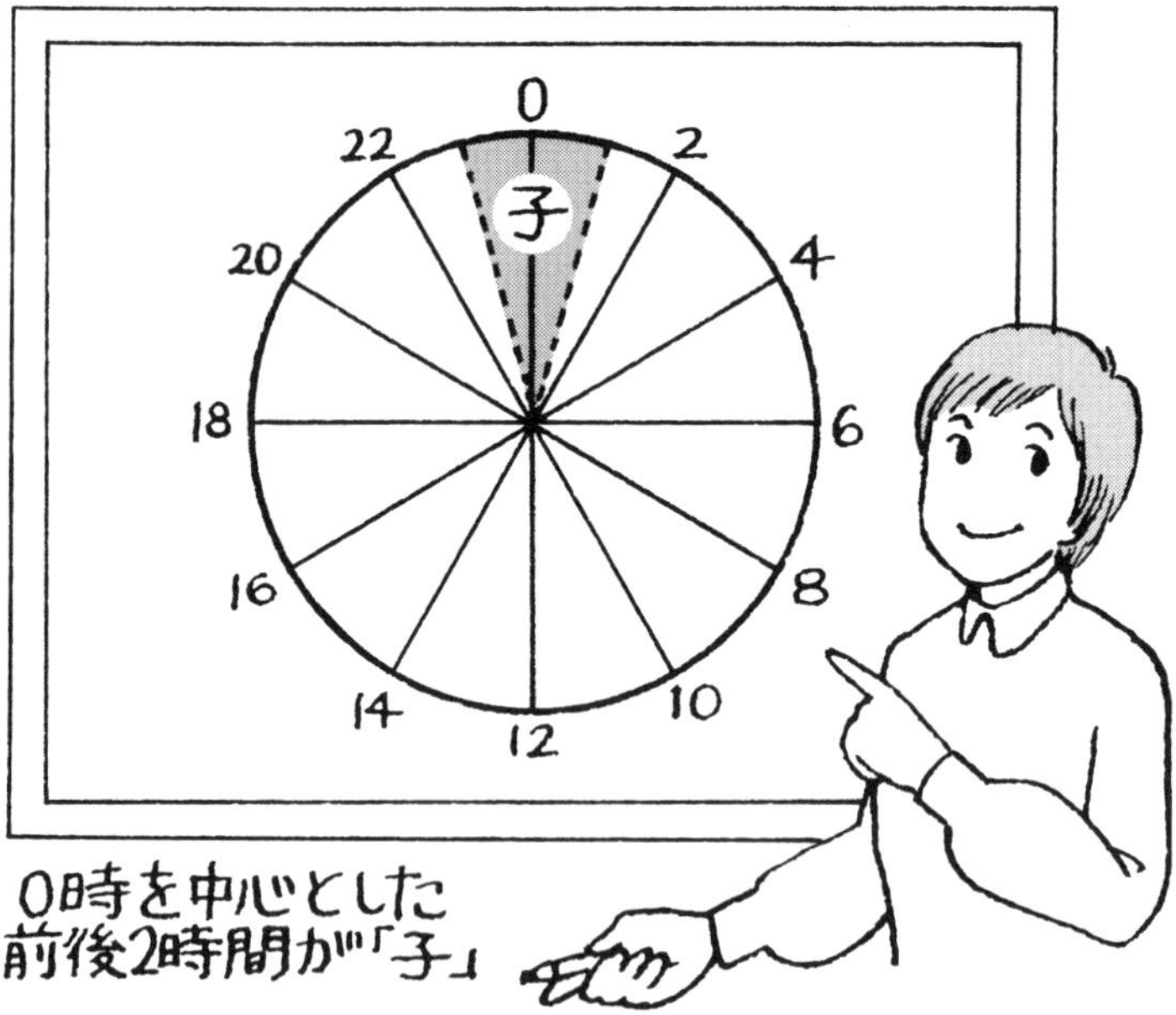

⑥ 図に丑三つを入れる

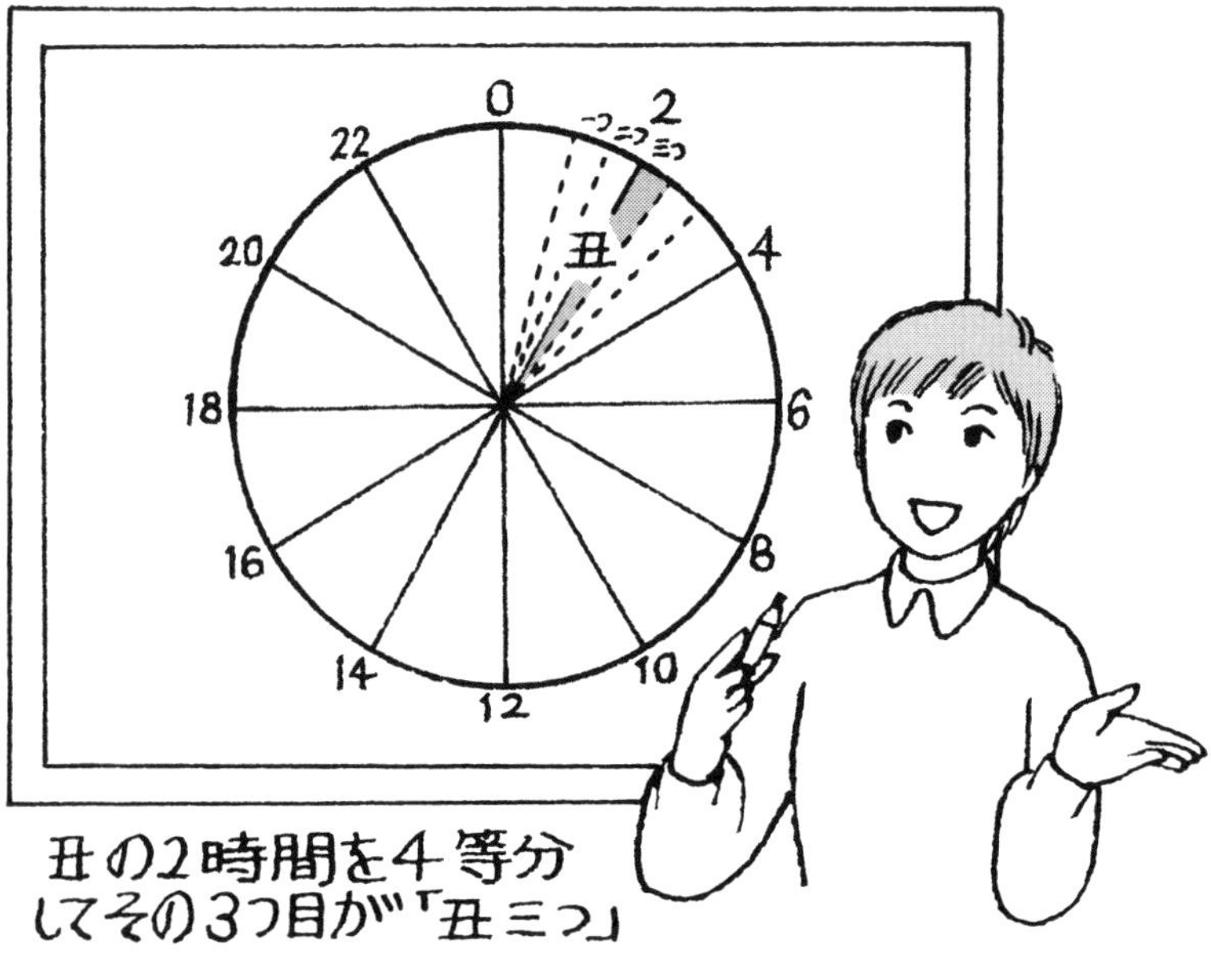

⑦ 図に全ての十二支を入れる

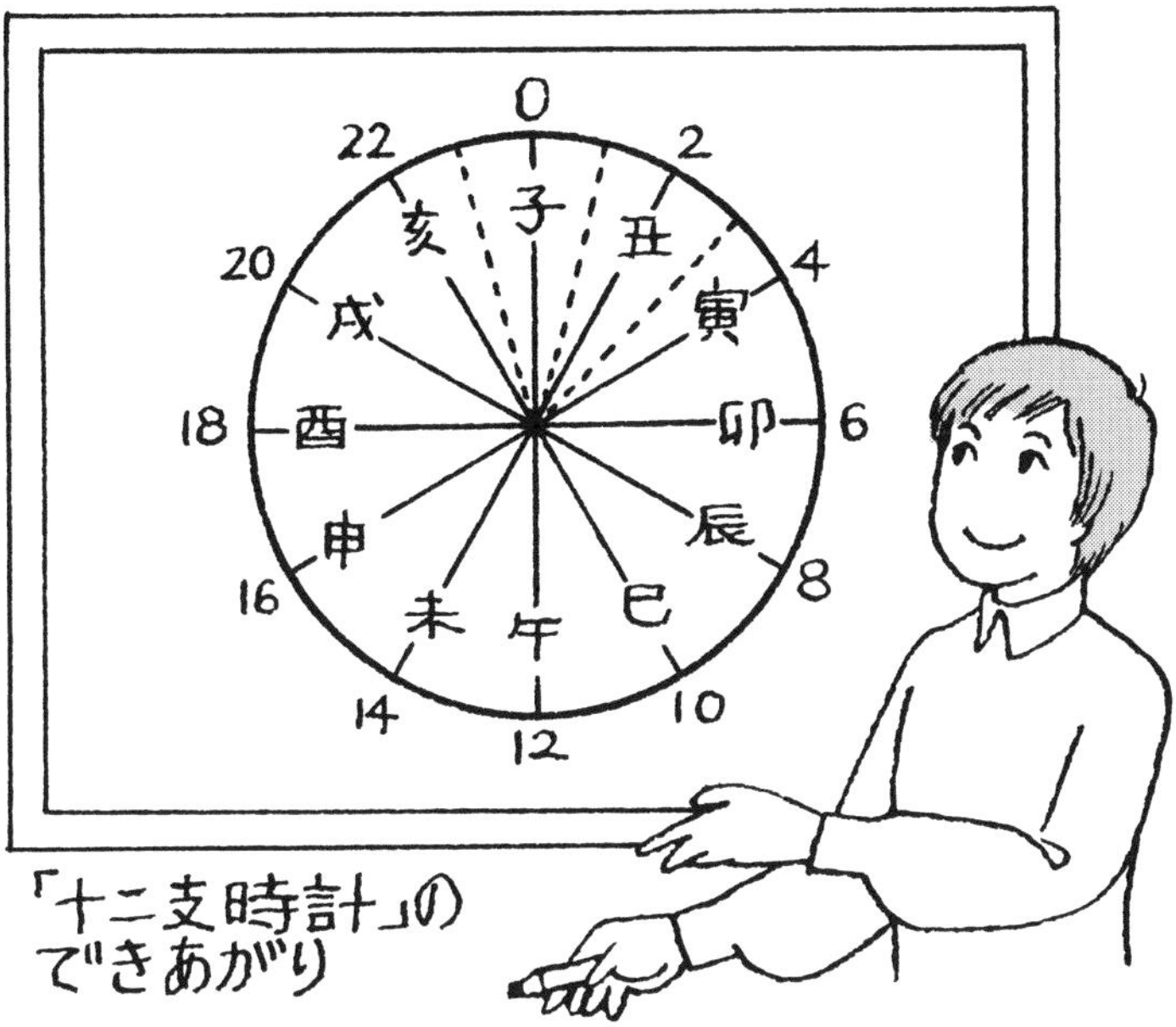

「十二支時計」の
できあがり

⑧ 正午，午前，午後

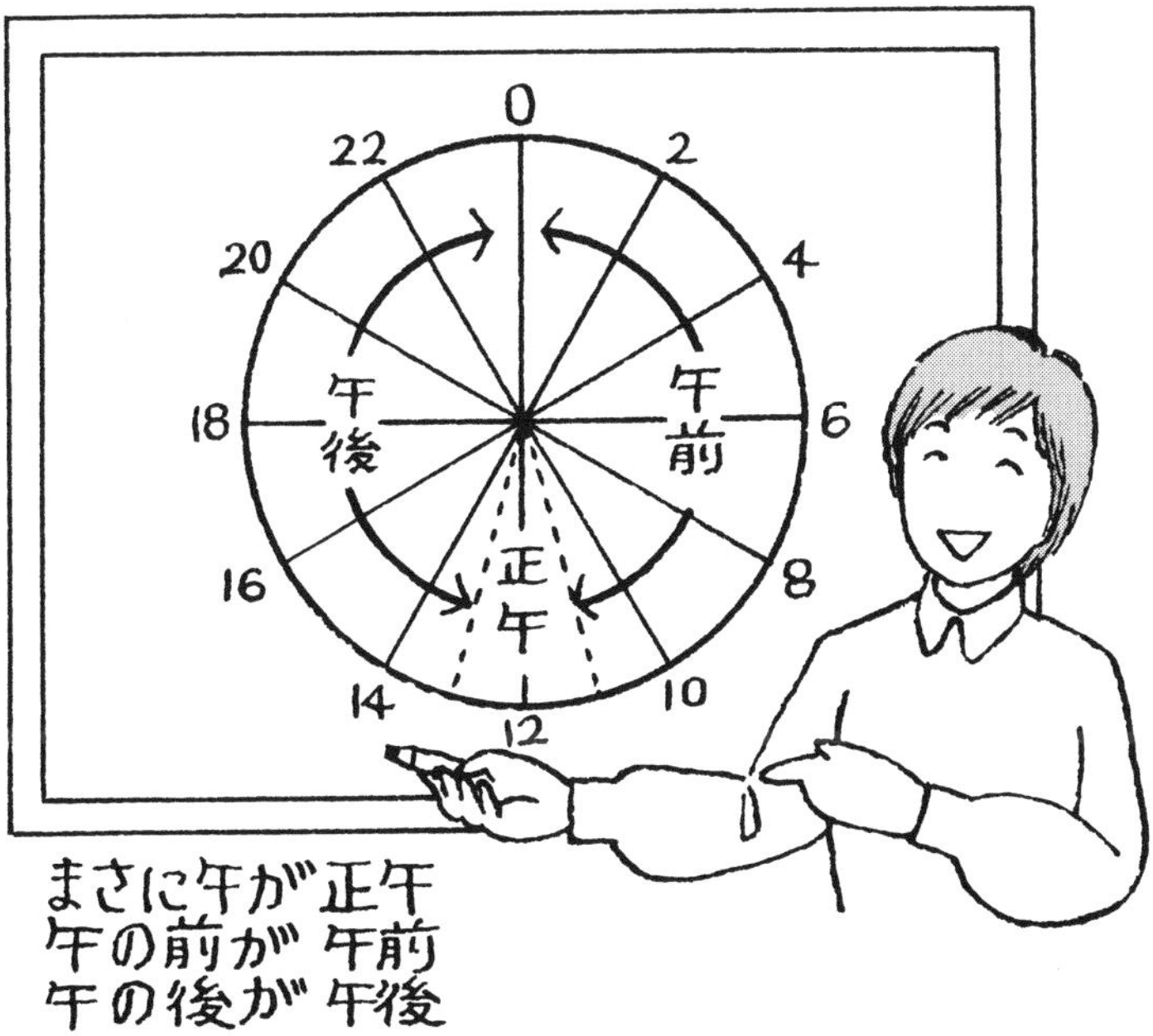

まさに午が正午
午の前が 午前
午の後が 午後

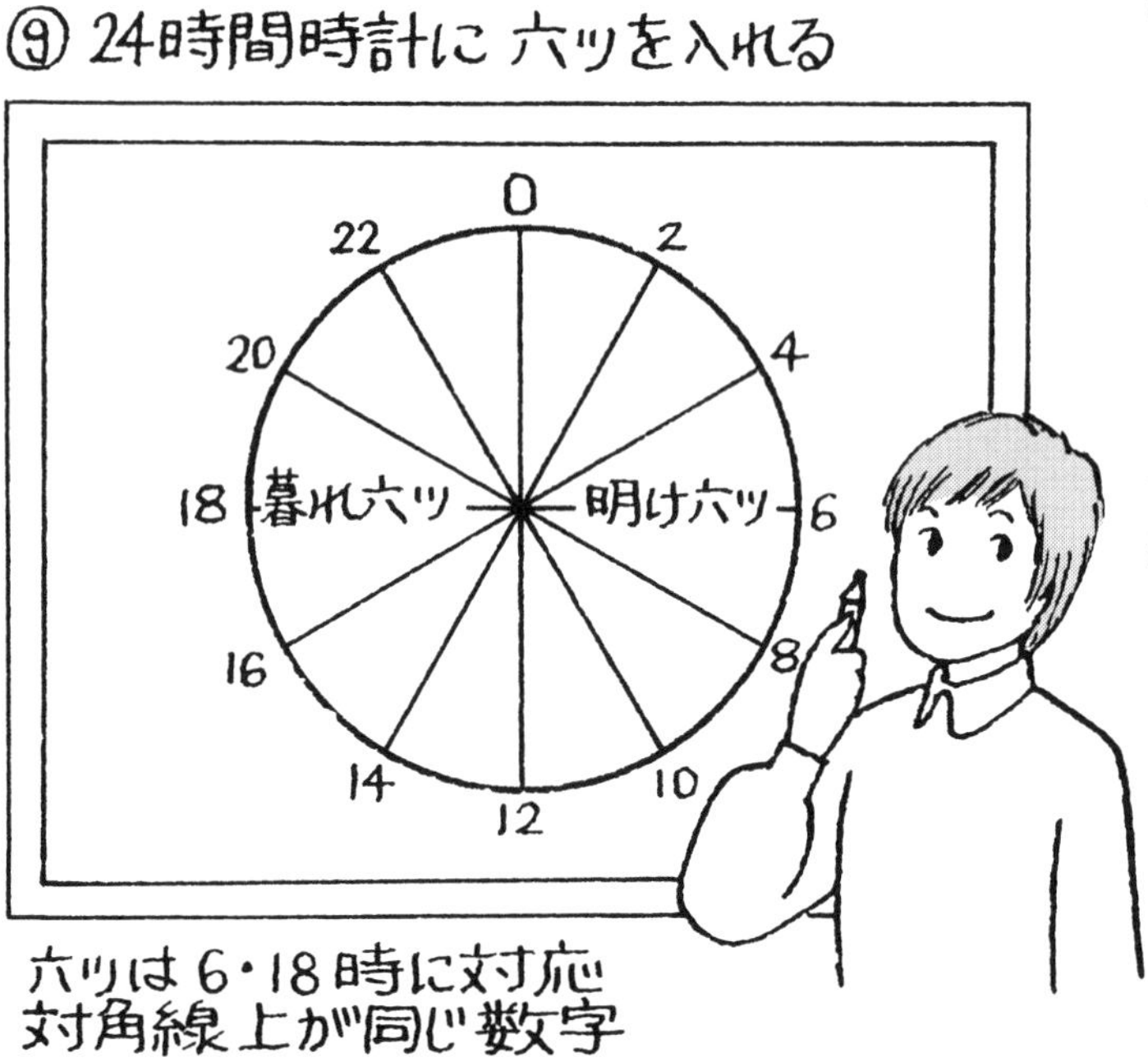
⑨ 24時間時計に 六ツを入れる
0
2
4
6
8
10
12
14
16
18
20
22
明け六ツ
暮れ六ツ
六ツは6・18時に対応
対角線上が同じ数字

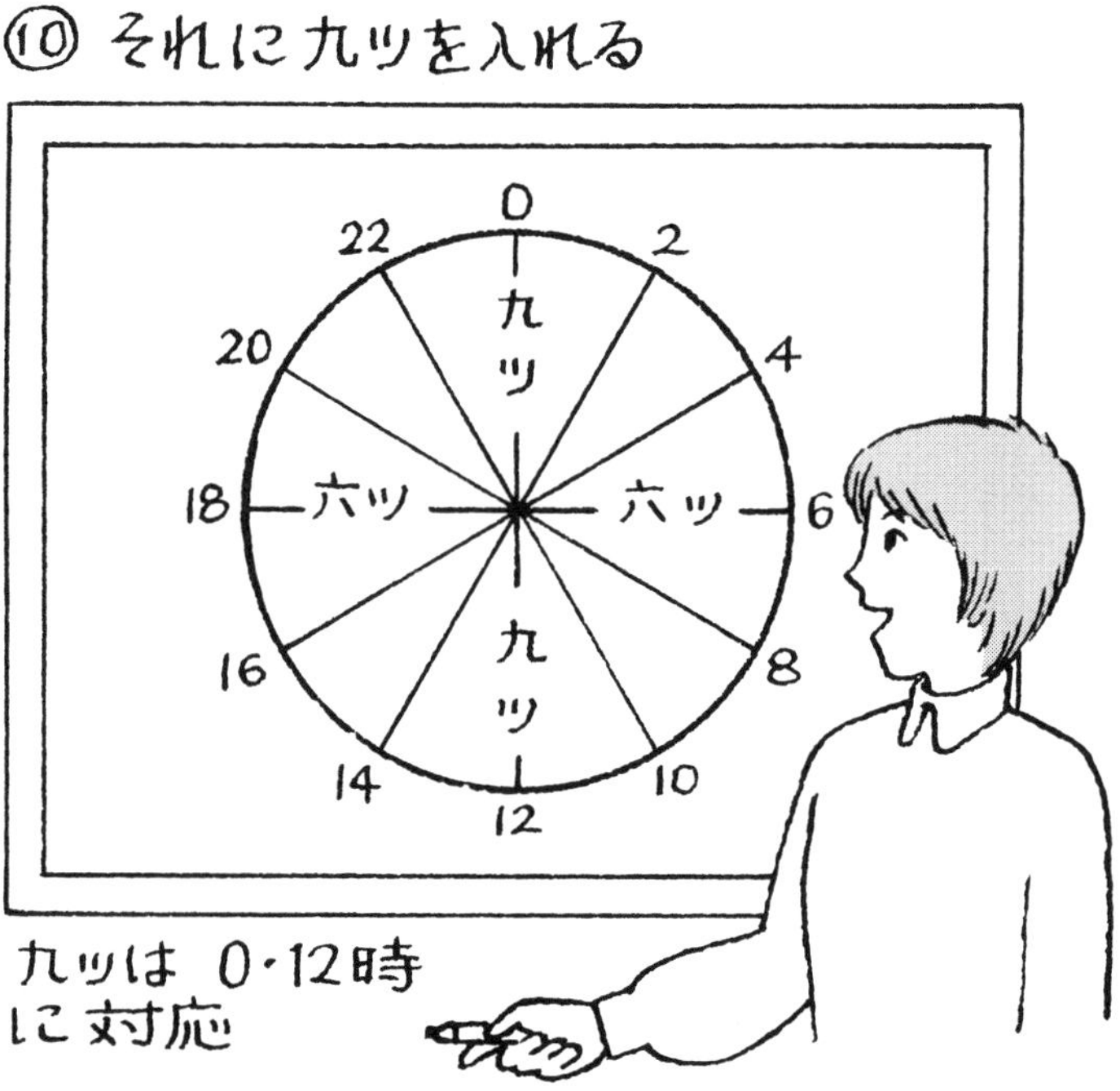
⑩ それに九ツを入れる
0
2
4
6
8
10
12
14
16
18
20
22
九ツ
六ツ
六ツ
九ツ
九ツは 0・12時
に対応

⑪ それにハッを入れる

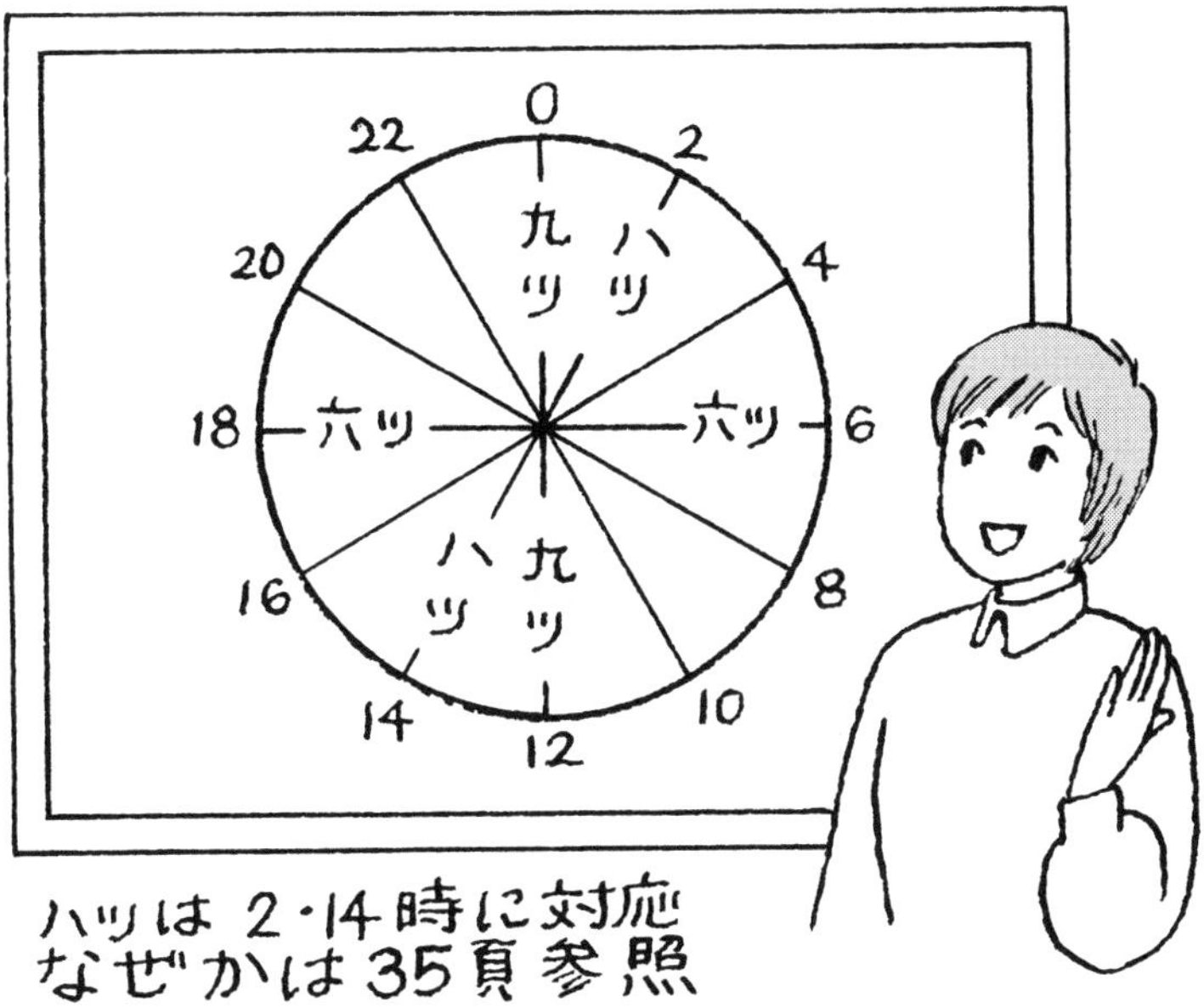

⑫ 最後に七ッ、五ッ、四ッを入れる

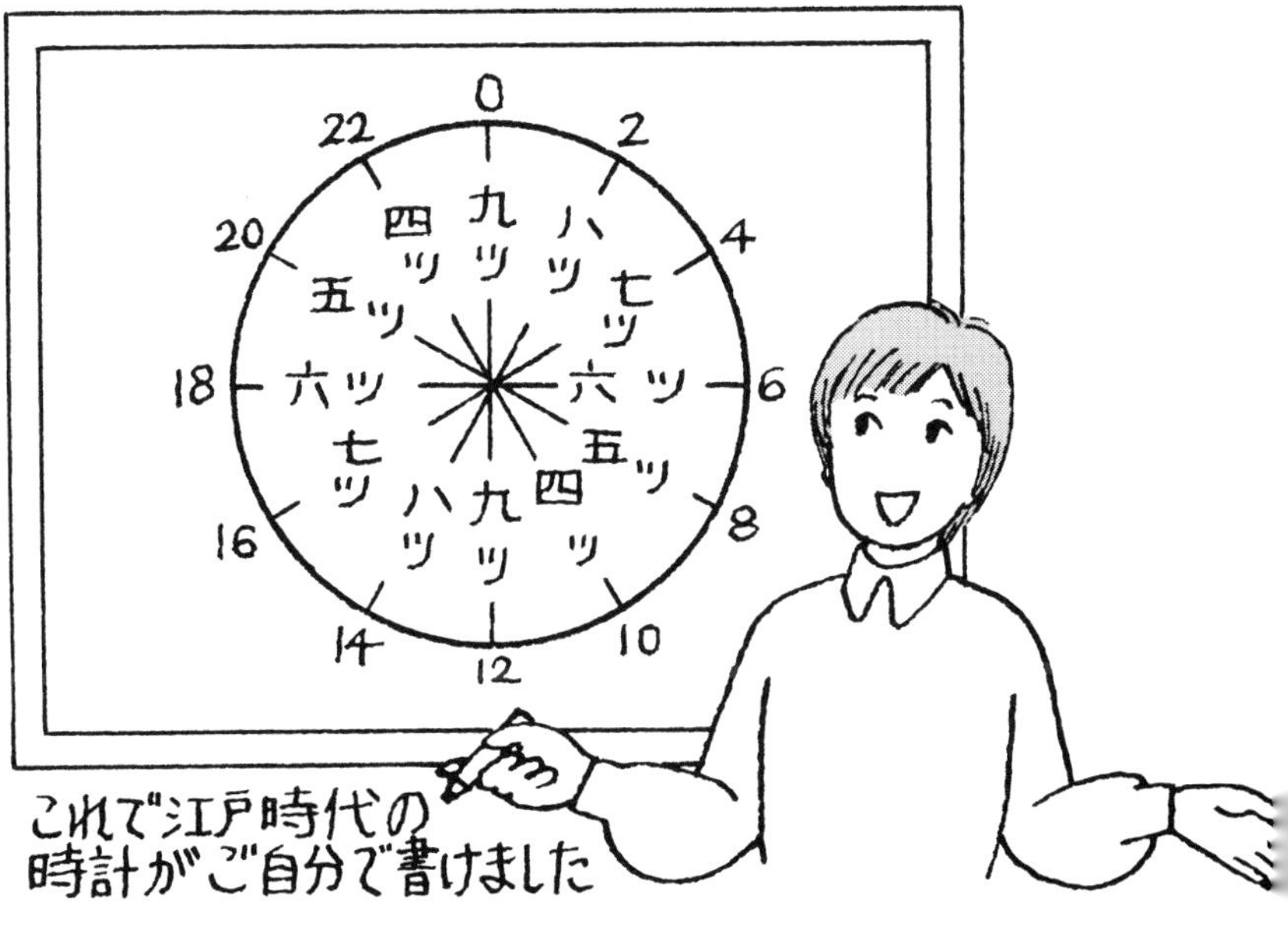

第三節　拍子木を打って回り

「壱夜ニ（いちやに）」は、二一頁のと「壱夜ニ」にそっくりです。「壱人ツ、（ひとりずつ）」も、「弐人ツ、」と同様の表現です。「壱」「弐」につながるくずしは二八・二九頁でまとめて見ました。そこに戻って、もう一度、全体の中で見ておいてください。

は「四ツ」の「四」です。

「度」は、初めて出てきましたが、ここではわりに読みやすいくずしですね。のようにくずれていきます。「ど・と・たび・たし・たく」などと読んで、古文書の中によく出てきますが、この文書内ではここにしか見られませんので、使われ方の例をいくつか挙げてみましょう。

「越度（おちど）」

「両度（りょうど）」

「法度（はっと）」

「急度（きっと）」

「度々（たびたび）」

「此度（このたび）」

「申上度（もうしあげたく）」

「仕度（つかまつりたく）」

次のは「宛」。で「四度宛」。この読み方ですが、「よどずつ」と読んでください。「宛」は、もちろん「あて」とも読みます。「宛作（あてさく）」「名宛（なあて）」「宛行（あてがい）」などと出てきます。しかし、近世文書の中では「ずつ」と読ませることも多いです。ここでも「よどあて」では意味が通じず、「よどずつ」です。

「四度」でよかったでしょうか。第二節で見たように、四ツ（午後十時）・九ツ（午前0時）・八ツ（午前二時）・七ツ（午前四時）ですから、確かに「四度」ですね。一晩に四回ずつ、ということになります。

は「拍子木」と読めそうです。「てへん」に「白」の「拍」が、きれいに書かれています。の方が難しいかもしれません。カタカナの「ヲ」がくずれている

と見てください。次のは「てへん」に「丁」ですから「打」ですね。

「拍子木ヲ打（ひょうしぎをうち）」と読めました。実際に、拍子木が夜回りに使われていたということが、この文書からわかりました。

「壱人ツ、」は、先ほど見た通りです。

ここが面白いですね。はまず左上のの部分に注目してください。これは「夫」のくずし。では、その横のはというと、これは繰り返しの踊り字「々」です。つまり〃「夫」を右横にもう一つ書いてください〃との指示ですので、その通りに書いてみると「扶」となります。その下に書かれているは「日」のくずしですので、合わせて「替」という字ができあがりました。は「り」、は、二字分の繰り返しの「〱」を表しています。これで「替り〱（かわりがわり）」と読めました。

「替」は他になどとくずれます。「所替（ところがえ）」「両替（りょうがえ）」「村替（むらがえ）」などが見られます。

踊り字のお話は二二頁でもしましたが、少し付け加えさせてください。

私たちも「山々」「人々」「各々」「多々」「年々歳々」などの繰り返しの表記を、今でも日常的に使っています。しかし、これはあくまでも前に書かれた字の繰り返し、〝完成された一つの字〟を繰り返しています。

くずし字でも、もちろんそのような用法は見られます。たとえば今までに見た「ツ、」はそうでした。「跡々（あとあと）」「早々（そうそう）」「諸々（しょしょ）」なども、よく出てきます。

ところがくずし字の面白さはそれだけではないのです。〝一つの字の中〟に踊り字が含まれているのです。「替」がその例でした。〝一つの字の中〟に「夫」を繰り返す記号「々」が入っていました。ほかにもそのようなくずし字を見ることができます。

偏、は「ごんべん」です。旁を見てみましょう。までが「火」。その下のが繰り返しの「々」ですから、縦に「火」を二つ重ねることになります。つまり「談」となりました。

「相談仕候得共（そうだん、つかまつりそうらえども）」、「直談（じきだん）」などと出てきます。

もちろん、「談」がと繰り返しを使わずに書かれていることもあります。

この字は何でしょうか。偏は「てへん」。旁の上部は「山」のくずしのようです。そして、が繰り返しの「々」ですから「山」を二つ重ねることになります。そうすると「拙」になります。

〝あれ？「拙」の旁は、「出る」の「出」じゃなかったのかしら〟と思ったとたんに、「出」自体が「山」が二つ重なっていることに気がつきます。

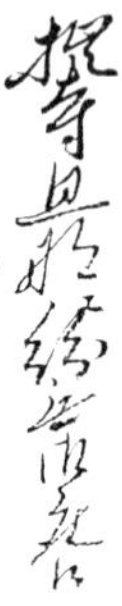「拙寺旦那ニ紛無二御座一候（せつじだんなに、まぎれござなくそうろう）」「拙者（せっしゃ）」などと見られます。

「出」をくずした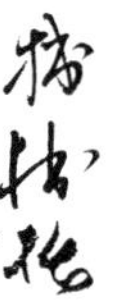などの「拙」が見られるのも、もちろんのことです。「拙者（せっしゃ）」「拙宅（せったく）」などがそうですね。

古文書を読む楽しみには、いろいろなものがあります。

文書の内容から、江戸時代に暮らした人々の生活ぶりや考え方を直接つかみとることができるのは本当に興味深いことです。農村の生活・商家の仕事・武士の暮らしなど、その地域や時期の様子を含めて行間からさまざまなものが浮かび上がってきます。

『南組夜番帳』は、まだ読み始めたばかりですが、夜の村を回っている夜番の姿が浮かんできます。「番屋」「拍子木」なども見えてくるかもしれません。当番は二人ずつだということもわかりました。適当な時間に勝手に回ったのではなく、夜中に四度、取り決めにもとづいた時刻があることもわかりました。

三百年以上前の村で、実際にこの文書が書かれたのです。私たちはその文字を三百年後に読んで、一つ一つ考察し、村の様子を体験していることになります。そしてそれは、決して理解できないような古い昔のことではないと実感できます。共感したり感心したり、あるいは批判したり疑問を持ったりしながら、現代を考え未来をも見ていることになります。たとえば

・地域を守る自治という意味では、現代と変わらない。
・時代や時期によって、その仕組みは異なるだろうが、夜の防火防犯対策という点では共通している。
・これは、領主側から強制されたものだろうか、それとも農民側からの自主的な色合いの方が強いのだろうか。
・それを知るためにも、この村に関連文書は残されているのだろうか。
・たとえば、村法度（むらはっと）類などにもこのような記載はあるのだろうか。
・夜番の入用（にゅうよう。経費のこと）については、だれがどのように負担していたのだろうか。村入用として計上されていたのだろうか。

・決まりは決まりとして、実際の実施状況はどうだったのだろうか。何か問題はあったのだろうか。

など、いろいろなことが考えられます。

〝古文書の世界へお誘い〟するために〝くずし字に慣れていただく〟というのが本書の目的ですので、あまり深入りしすぎないように気をつけていますが、文書を読みながらその都度お話していきます。一つの文書を読むことの楽しみと発展性は限りなくあるのです。

それと同時に、くずし字自体の面白さ、その豊かな表現力の魅力もすばらしいと私は感じています。先ほどお話した踊り字も、その一つです。一つの文字の中に入っている繰り返し、「替」を覚えておいてください。

次に進みましょう。

の一文字目「相」は、慣れてくださったでしょうか。「相詰」「無㆓相違㆒」で見ました。その時にもお話しましたが、とてもよく出てくるくずし字ですので、真似して書いておいてください。はが「回」は「廴（えんにょう）」と見て、「廻」と読めます。それに「り」が送られていて「廻り」ですね。「相廻り（あいまわり）」と読めました。

「壱人ツ、替り〳〵相廻り」というのは、どういうことでしょうか。夜番は二人です。回る回数は一晩に「四度」です。たとえば又兵衛さんと平蔵さんが今夜の夜番だとしたら、交替で回るということでしょうね。又兵衛さんが「四ツ」に回ったら、平蔵さんが「九ツ」に、そしてまた又兵衛さんが「八ツ」に回って、最終回は平蔵さんが「七ツ」に、といった具合でしょう。村でこのように取り決められていたことがわかります。

第三節の解読をまとめます。四六頁のくずし字と見比べてみてください。そして、納得できたら、四六頁の方を見ながら、何度も声に出して読んでください。

壱夜ニ四度宛拍子木ヲ打（いちやに、よどずつ、ひょうしぎをうち
壱人ツ、替り〳〵相廻り　ひとりずつ、かわりがわり、あいまわり）

第四節　門を念入りに改める

「夜番」の役割がまだ続いているようです。

は「門」のくずしです。「門」はのようにくずれて、ひらがなの「つ」のようになっていきます。「一門」「御門前」「門外」などと書かれます。独立した「門」だけでなく、「もんがまえ」としてもよく使われます。また「右衛門」「左衛門」などの名前でも文書の中でよくご覧になると思います。名前については、第五章でじっくり勉強する機会がありますので、楽しみにしていてください。

は「数」でした。表紙の「紙数弐拾枚」の「数」です。久しぶりに見ましたが、なるほどよく似たくずしだと思っていただけたでしょうか。真似して書いてみてください。

は「戸」です。筆がすっと流れてしまっているので、少し読みにくかったかもしれま

せんが、このようにくずされることが多いです。他の文書から、いくつか例を見てみましょう。

「江戸（えど）」

「江戸表（えどおもて）」

「江戸廻船（えどかいせん）」

は「共」。これも重要な字です。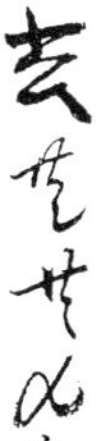など、いろいろなくずしで出てきて、小さく書かれることが多いです。これ一字だけを見ると読みにくいくずしの時もありますが、「候得共（そうらえども）」など、前後の文脈から読み取れることが多いです。いくつか例を挙げてみましょう。まだ古文書に慣れていない方にとっては、少し難しいかもしれませんが、〃なるほど、これが「共」か〃と見ておいてください。

「役人共（やくにんども）」

「恐入候得共（おそれいりそうらえども）」

「可ㇾ申候得共（もうすべくそうらえども）」

ここではですから「門数戸共（もん、すうことも）」と読みます。「村の境に門が数か所あって、それをすべて」といった意味でしょう。

は「念入」。読み方はいろいろ考えられそうです。「ねんいれ」とそのまま読んでも

いいでしょう。少し読みにくいと思ったら、「ねんをいれ」「ねんいりに」などと「を」や「に」を補ってもいいでしょう。文書を活字に直して書く時には、文書に書かれていない文字を勝手に付け足してしまうことは絶対にいけません。しかし、声に出して読むときには、読みやすくするために文意を変えない範囲で多少の助詞を補うのはよいと思います。いずれにしても、次へのつながり方からも判断することにしましょう。

は「相」でしたね。は「改」です。「改」の旁の「攵」は、先ほど見た「数戸」の「数」、表紙の「弐拾枚」の「枚」の旁と同じです。と続いていましたので、「念入相改（ねんいれ、あいあらため）」と読むことにします。もちろん、「ねんをいれ、あいあらため」「ねんいりに、あいあらため」また「にゅうねんに、あいあらため」と返って読んでも、文意をそこなわないでしょう。

どの門もきちんと閉まっているか、開けられた形跡はないか、その他異常はないか、など回るたびに念を入れて確認しなければならない、という意味ですね。

「可レ申候（もうすべくそうろう）」が出てきました。「番勉可レ申候」で見た「可レ申候」です。これにそっくりなくずしを二六・二七頁で全体の中からさがしましたね。もう一度、見ておいてください。

第四節は、次のように読めました。五四頁のくずし字と照らし合わせてください。そして、くずし字の方をしっかり目で追いながら、何度も音読してください。

門数戸共念入相改可レ申候、
（もん、すうことも、ねんいれ、あいあらためもうすべくそうろう）

上野寛永寺の時の鐘
（明治初め頃。『鹿鳴館秘蔵写真帖』より）

第五節　二人のうち一人は番屋に残る

右のくずし字（数えてみると十七文字あります）の中で、初めての文字は四文字だけです。今までにずいぶんたくさんのくずし字を読み、いろいろな表現や内容を経験してきたことになります。

の中の「弐人」は、ぱっと目に飛び込んできたことと思います。は、わかりやすい字ですが、慣れないうちは難しいかもしれません。は「之」です。「右之刻限ニ」の時には虫食いでしたが、今回はきれいに書かれています。は「内」。このようにくずされることが多いです。次のような例を見ておきましょう。

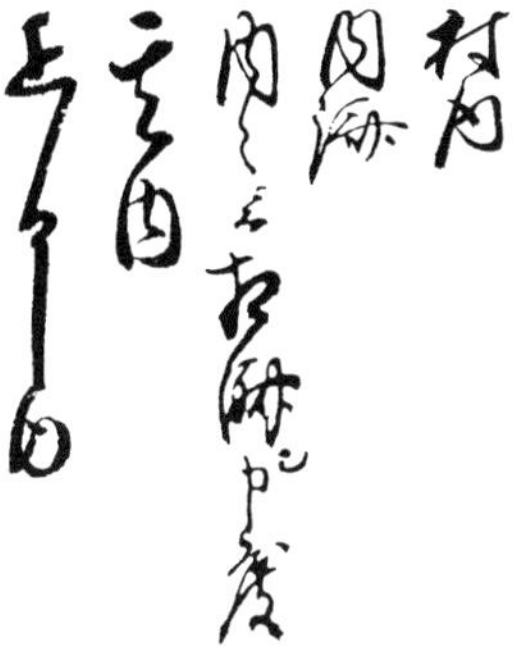

「村内（そんない）」

「内済（ないさい）」

「内々ニ而相済シ申度（ないないにて、あいすましもうしたく）」

「其内（そのうち）」

「近日之内（きんじつのうち）」

「弐人之内（ふたりのうち）」と読めました。

「壱人ハ（ひとりは）」は、そのまま読めそうです。はカタカナの「ハ」です。「ひとりは」と書かれる場合、つまり助詞の「は」が必要な時、ここでのようにカタカナの「ハ」の場合もありますが、「者」という字が書かれてそれを「は」とひらがな読みすることが多いです。「者」→「は」です。『南組夜番帳』の中には、珍しくその例がありませんので、他の文書からいくつか例を挙げてみましょう。「者」はなどとくずれます。

「右ニ付而者（みぎについては）」

「左候得者（さそうらえば）」

「先達而者（せんだっては）」

「然ル上者（しかるうえは）」

「番屋ニ」は「番屋へ相詰」の「番屋」でした。二六・二七頁で全体の中でも見ました。

の一文字目「相」はだいじょうぶでしょうか。先ほど出てきた「相改」の「相」ですね。が難しそうですがは「り」と読めます。の方は「残」のくずしです。つまり、「残り」ですね。

「残」の旁「戋」に注目してください。「残」にはこのようなくずしもあれば、わかりやすいのようなくずしも見られます。同じ「残金」「不レ残」でも、文書の中で次のように書かれています。

「残金（ざんきん）」

「不レ残（のこらず）」

さらに、違う偏で「戋」が共通する字を見分ける場合にも応用できます。どのようなものがあるでしょうか。「銭」「浅」などです。例を挙げてみましょう。

「かねへん」はのようにくずれます。

「金銭（きんせん）」

「さんずい」はのようにくずれます。

「口銭（こうせん）」

「浅草（あさくさ）」

「不レ浅（あさからず）」

ずいぶんたくさんお話をしました。

漢字が偏と旁などの部分からできていること、それらを手がかりにすると、それがヒントになってくずし字が見えてくることを実感していただけたでしょうか。

もちろん、解読のためには、そのくずし字一文字だけを見るのではなく、前後の文脈から判断するということがとても大切です。声に出して読んだ時に語調も自然で文意も通じることが重要です、そうでなければ、いくらその字に似ていても、おそらく正しく読めていないと判断した方がよいでしょう。つまり、字だけにこだわるのは、かえってくずし字を読めないものにしてしまいます。文章全体の中で、どう読むかを判断してください。

しかし、それと同時にくずし字を徹底的に丁寧に見る必要があります。とくに、くずし字に慣れないうちは、筆順がどうなっているのか真似して書いてみたり、偏や旁の共通性を楽しみながら発見してみるのも解読を助ける大きな手がかりなります。

もう一文字残っていますね。です。これは「居」のくずしです。が「尸」が「古」のくずしです。この場合「おり」と読むと文意が通じるでしょう。「相残り居（あいのこりおり）」と読めました。

「居」は「古」の横棒がぐっと左に突き出た形のになっていることが多いです。

いくつか読んでおきましょう。

「居宅（きょたく）」
「居所（いどころ・きょしょ）」
「留守居（るすい）」
「隠居（いんきょ・かくれおり）」
「承居（うけたまわりおり）」

最後に「可ㇾ申候（もうすべくそうろう）」が、また出てきてくれました。もうすっかり得意になられたことでしょう。二六・二七頁を確認しておいてください。

第五節をまとめてみましょう。

弐人之内壱人ハ、番屋ニ
相残り居可レ申候、

（ふたりのうちひとりは、ばんやに
あいのこりおりもうすべくそうろう）

つまり、二人の夜番のうち一方は拍子木を打って村を回る、もう一人は番屋に残る、と任務を分けているのですね。しかもそれを「替り〲」交替にです。

第三節で、たとえば又兵衛さんが「四ツ」に回ったら平蔵さんが「九ツ」に回る、という取り決めだったとわかりましたが、その時、平蔵さんは「四ツ」には番屋で待機、「九ツ」には又兵衛さんが待機していたことが「番屋ニ相残り居」ではっきりしました。

ここで、一つ目の「一つ書き」が終わりました。

よくがんばって、読んでくださいました。くずし字を見分ける力も、古文書の文体を理解する力も、文意を読み取る力もついてきたと思います。古文書を読む上での知識も増えてきました。

次のページに、解読が終わった一か条目の全文を載せます。

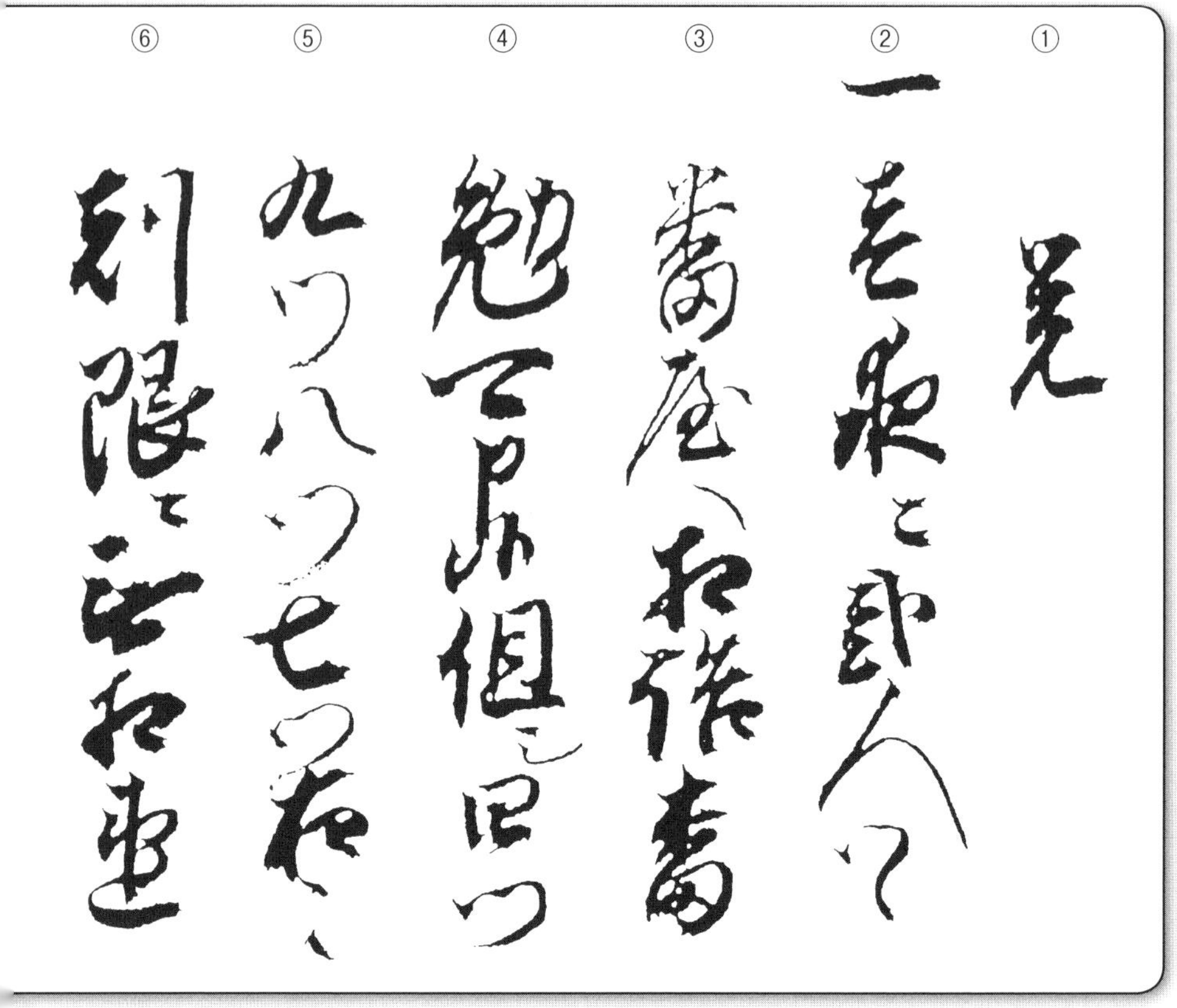

解読して文意が取れた文書は、声に出して読んでみるとしっくり心に納まり、読むたびにさらに理解が深まっていきます。上の箇条を何度も音読してください。

その際ご自分で課題を決めて読んでみるといいですね。たとえば

・まずは全体の意味を理解しながら読んでみよう。
・今度は「壱・弐・四・九」などの数字に注目しながら読もう。
・次は視線を左に置きながら、偏を丁寧に追ってみよう。

など意識して課題を考えること自体が勉強になりますし、楽しいと思います。

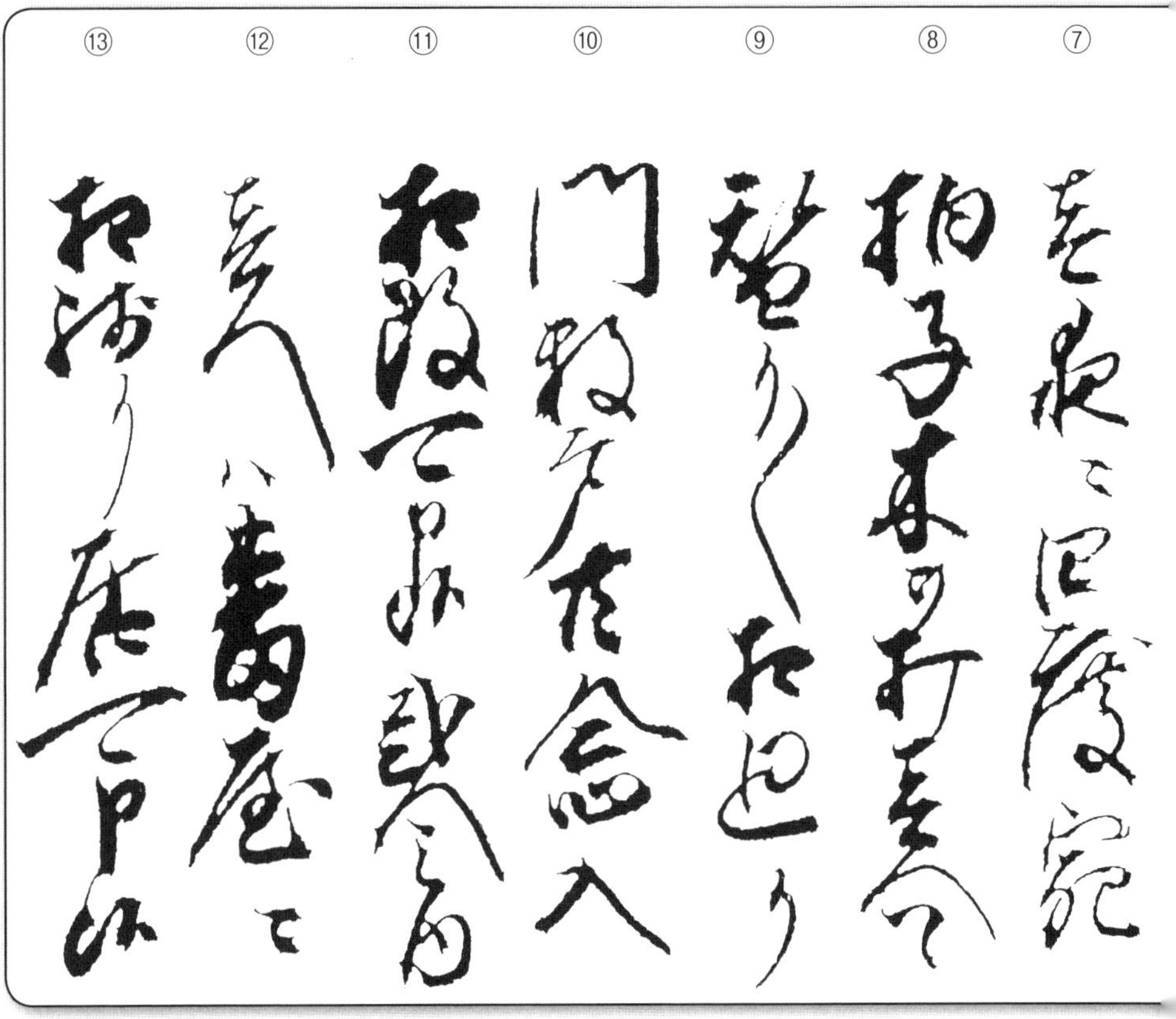

解読文

覚

一、壱夜ニ弐人ツヽ、
番屋へ相詰、番
勉可レ申候、但シ四ツ
九ツ・八ツ・七ツ、右之
刻限ニ無二相違一
壱夜ニ四度宛
拍子木ヲ打、壱人ツヽ、
替り〳〵相廻り
門数戸共、念入
相改可レ申候、弐人之内
壱人ハ、番屋ニ
相残り居可レ申候、

『南組夜番帳』は、浅田家文書と名づけられている一万八千点余りもある文書群の中の一点です。現在は、東京大学経済学部資料室に所蔵されていますが、もともとは山城国〈現在の京都府〉の史料です。時期的には、十六世紀中ごろの安土桃山時代から二十世紀初めの大正期にまでおよびます。

浅田家は、江戸時代に山城国相楽郡西法花野村〈やましろのくに、そうらくぐん、にしほうけのむら〉〈現在の京都府木津川市山城町上狛〉の庄屋を務めていました。本家の浅田金兵衛家は、享保八〈一七二三〉年から享保十七年、寛延二〈一七四九〉年から宝暦八〈一七五八〉年の二度にわたって、付近の十三か村をまとめる大庄屋の役にも就いています。そのため、自分の家の小作経営や冠婚葬祭などといった私経営の文書だけでなく、村全体やその近隣に関する文書がたくさん書かれて残されました。

村関係の文書には、実に様々なものがあります。幕府や藩主から出された法度や触書、免割帳や未進帳などの年貢関係の書類、宗旨改帳や奉公先改めなど戸口〈ここう〉に関するもの、木津川や溜池や用水に関する文書、村の出費に関する諸入用帳、村の取り決めである村法度、各種の願書、争いや訴訟に関する文書など。これらの文書を読むことによって、それぞれの時期の村の生活、付近の村々や京都・奈良・大坂との関係、領主との関係、人の流れや物の流れなど、いろいろなことがわかってきます。

『南組夜番帳』は、その中の一冊です。

西法花野村は、東法花野村（ひがしほうけのむら）、野日代村（のびたいむら）、新在家村（しんざいけむら）とともに狛（こま）四か村、あるいは上狛村（かみこまむら）と呼ばれていました。上狛村全体で、石高は千三百石余り。年貢は四か村別々に割り振られて、それぞれの庄屋ごとに集められていました。

しかし、ここで大切なことは「行政上の村」と「生活上の地域」が一致しないことです。言い換えると、「西法花野村は、ここからここまで」「野日代村は、この区域」というように、地図上で区切ることができません。どういうことかと言いますと、上狛全体の領域は線で囲うことはできても、その中にある四か村は点在しているのです。西法花野村の百姓の両隣の家が東法花野村と野日代村の百姓であるというような例が多く、四か村の住人の住居や田畑が相互に入り組んでいました。

これは、村のでき方と関係があります。

太閤検地で村切りされた上狛村に、元和三（一六一七）年ごろに四人の庄屋が置かれ、百姓たちがそれぞれの庄屋に「思寄（おもいより）」（自分の思惑）で付いて分かれました。このため、地理的に入り組んだ、庄屋ごとの四つのまとまりが成立したと考えられています。その後、それが藤堂藩（津藩）から四村として公認されました〈吉田ゆり子「上狛村の村切りと共同体」（『近世・

近代の南山城』東京大学出版会）〉。

つまり、どの庄屋に付くかによってどこの村民になるかが決まった、ということになります。東法花野村の庄屋に付くとその家は東法花野村の百姓になり、隣や向かいの家はそれとは違う庄屋にそれぞれ付いたために隣近所が違う村に所属する、という入り組んだ村のでき方だったわけです。北側にある林村五百石までも含めて、入り組んだ状態でした。

この入り組み状態の「西法花野村」「東法花野村」「野日代村」「新在家村」が、年貢を負担したり、宗門帳に記載されたりする「行政上の村」でした。

狛四か村は、近世を通じて藤堂藩の飛び地でした。藤堂藩の本拠地は伊勢国（三重県）の津で、初代藩主は藤堂高虎です。明治の廃藩置県にいたるまで、伊勢・伊賀を中心に二十七万石余りを領有しました。山城・大和内にある飛び地は城和領（じょうわりょう）と呼ばれました。狛四か村は、その城和領の一部で、奈良の古市（ふるいち）〈現在の奈良市古市町〉にある城和奉行の支配を受けていました。年貢関係のことや触れの伝達などは「行政上の村」であるこれらの区切りごとに機能していました。

しかし、実際の生活は「行政上の村」を基準にするわけにはいきません。

たとえば『南組夜番帳』。たとえ隣の家と村が違っても、また支配が違っても、一つの地域として夜の治安を守らなければなりません。そもそも、ふだんの暮らし自体が地縁的なつながりを基盤にしたものでした。

　そのために、この地域は、四か村を合わせた上狛村として一つのまとまりを持った生活圏を成していました。さらに、その北側の林村まで含めて文書上に「同村」と記載されていることもあります。意識的にも生活のまとまりとしても、狛四か村と林村が大きな一つの村としての機能を果たしていたと考えられます。上狛という言葉自体、広義には林村を含めた地域全体（千八百石）を指している場合が多く見られます。

　この上狛地域全体は、支配的には藤堂藩領の他にも禁裏御料（きんりごりょう。天皇家領）・御蔵入地（おくらいりち。幕府領）・冷泉家領（れいぜいけりょう）などがありました。これらの領民たちが、年貢の納め先である「行政上の村」は村として、毎日の生活は、地縁的な地域のつながりをもとに営んでいたことになります。

　さらに重要なことは、この地域が環濠集落（かんごうしゅうらく）だったことです。まわりを濠（ほり）で囲まれた環濠集落は、「大里（おおざと）」と呼ばれていました。大里の中は、九つの区域に分かれています。そして、大里の北に林村、南に新在家村が位置しています。『南組夜番帳』は、この大里を守るための取り決めでした。

　これについては、次の章で大里内の区域名が文書の中に出てきますので、その時に村絵図を見ながら説明することにしましょう（八五・八六頁）。

江戸の夜回り（『尻操御用心』より）

第三章

錠鎰《じょうかぎ》は庄屋方へ

第一節　当番はまず庄屋方へ

「一（ひとつ）」があることによって、ここから新たな「一つ書き」が始まることがわかります。二か条目ということになりますね。

は、なんだか似たような字が二つ並んでいる、と思われたかもしれません。下の方のは「番」です。常用漢字でいうと「番屋」「番勉」などで見ました。上のは、「當」のくずしです。常用漢字でいうと「当」です。で「当番ハ（とうばんは）」と書いてあることになります。古文書の中に旧字が出てきた時には、常用漢字に直すのが一般的です。

「当」も古文書でよく出てくる字です。旧字の「當」がくずされている場合と「当」の場合の両方があります。他の文書から拾ってみましょう。

「当年（とうねん）」

「当月（とうげつ）」

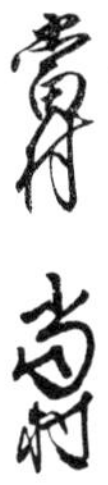「当村（とうそん）」

に進みましょう。

は「まだれ」に「土」がきれいに書かれた「庄」です。は、ひらがなの「や」ですね。この「や」は「也」という漢字がくずれたものです。が「方」。は「へ」と見ましょう。

は、「庄や方へ（しょうやかたへ）」と読めました。

「庄や」は、もちろん「庄屋」を意味しています。

「庄屋（しょうや）」

「大庄屋（おおじょうや）」

「庄屋・年寄連印（しょうや・としよりれんいん）」

など、「庄屋」と漢字で書かれることがほとんどですが、ここでは「や」とひらがなで書か

れています。

次のは、難しそうな字ですね。偏に注目してください。もも「かねへん」のくずしです。「かねへん」は、くるっと丸まっているところが特徴です。たとえば、よく出てくる「かねへん」の字には、次ようなものがあります。

「鉄」　「銀」　「銭」

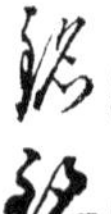「銘」　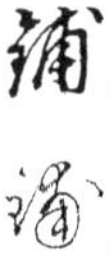「鋪」

確かに「かねへん」のくずしが共通していることが、よくわかります。

ここでのは、「かねへん」に「定」のくずしですから「錠（じょう）」です。次のは、同じく「かねへん」に「益」で「鎰（かぎ）」と読むと文意が通じます。「錠鎰（じょうかぎ）」は、村を守るための「門数戸」の大切な「錠鎰」と思われます。

に進みます。は「取」のくずしです。「取」はのようにくずれますが、ここでのくずしが典型的なくずしです。他の文書から例を挙げてみましょう。

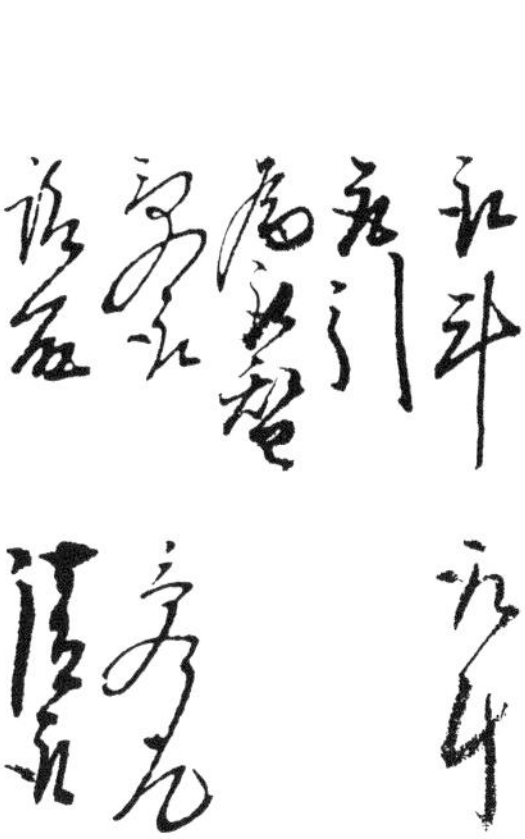

「取計（とりはからい）」
「取引（とりひき）」
「為ニ取替一（とりかわせ）」
「受取（うけとり）」
「請取（うけとり）」

「取」が読めたら、は「取ニまいり」と読めます。

「まいり」のもとの漢字は、この場合〝末以利〟です。ひらがなが出てきた時、そのもとになっている漢字が何かを確認しておくことは興味深いですし、ひらがなの勉強にも漢字の勉強にもなります。

では、第一節の解読をまとめてみましょう。

一、当番ハ庄や方へ（ひとつ、とうばんは、しょうやかたへ
錠鎰取ニまいりじょうかぎ、とりにまいり）

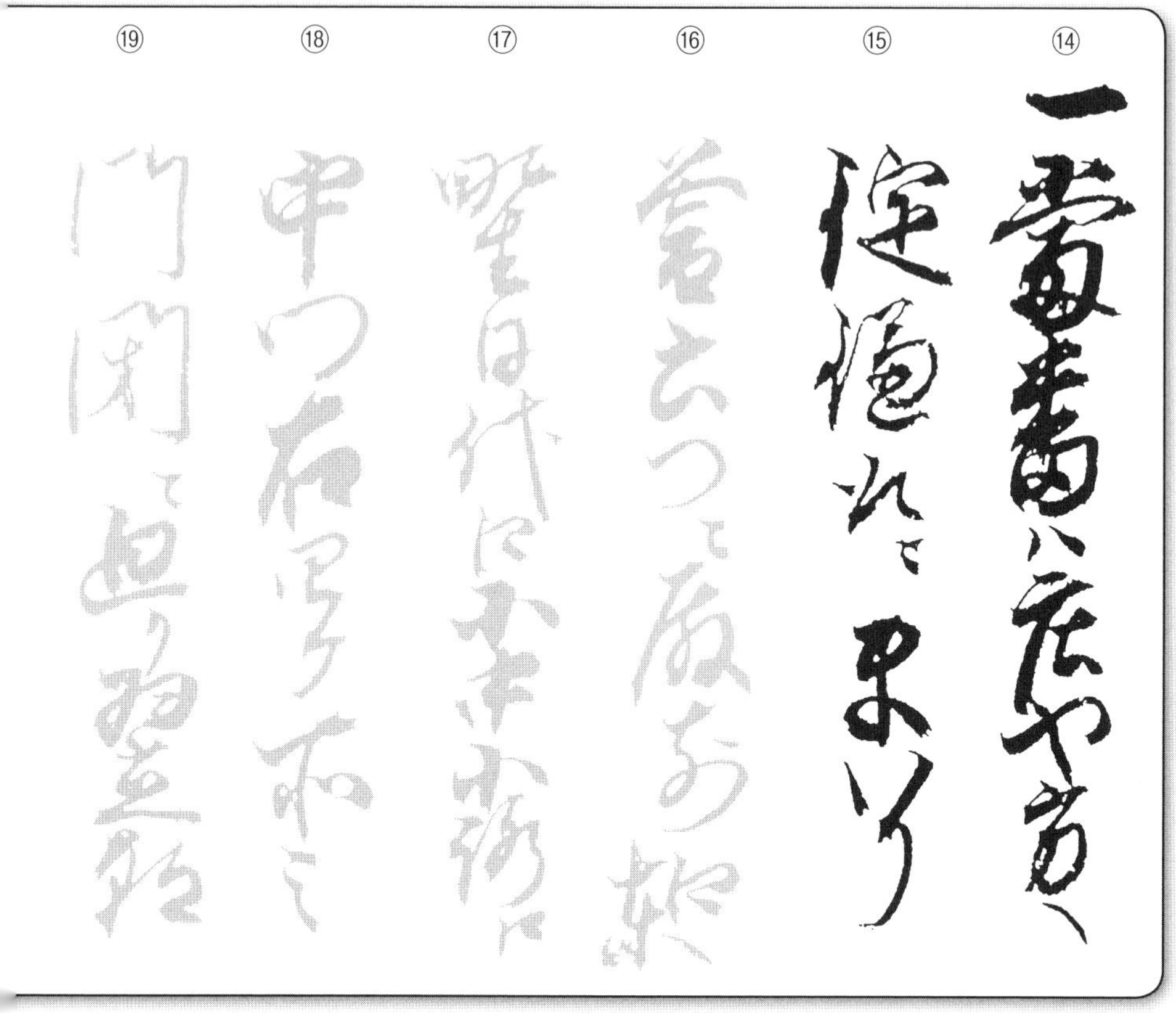

二か条目を読み始めたばかりですが、今読んだくずし字と同じくずしを早速さがしてみましょう。

「庄や方へ」とほとんど同じくずしが㉑行目にありますね。

「錠鎰」も⑳行目に見つかりました。

「当番」の「番」はこの条項にあと二か所ありました(㉒㉓)。どのような使われ方をしているのか、先で読むのを楽しみにしましょう。

「まいり」は、ここでは〝末以利〟でしたが、いつもそうとは限りません。古文書では

⑳ ㉑ ㉒ ㉓ ㉔

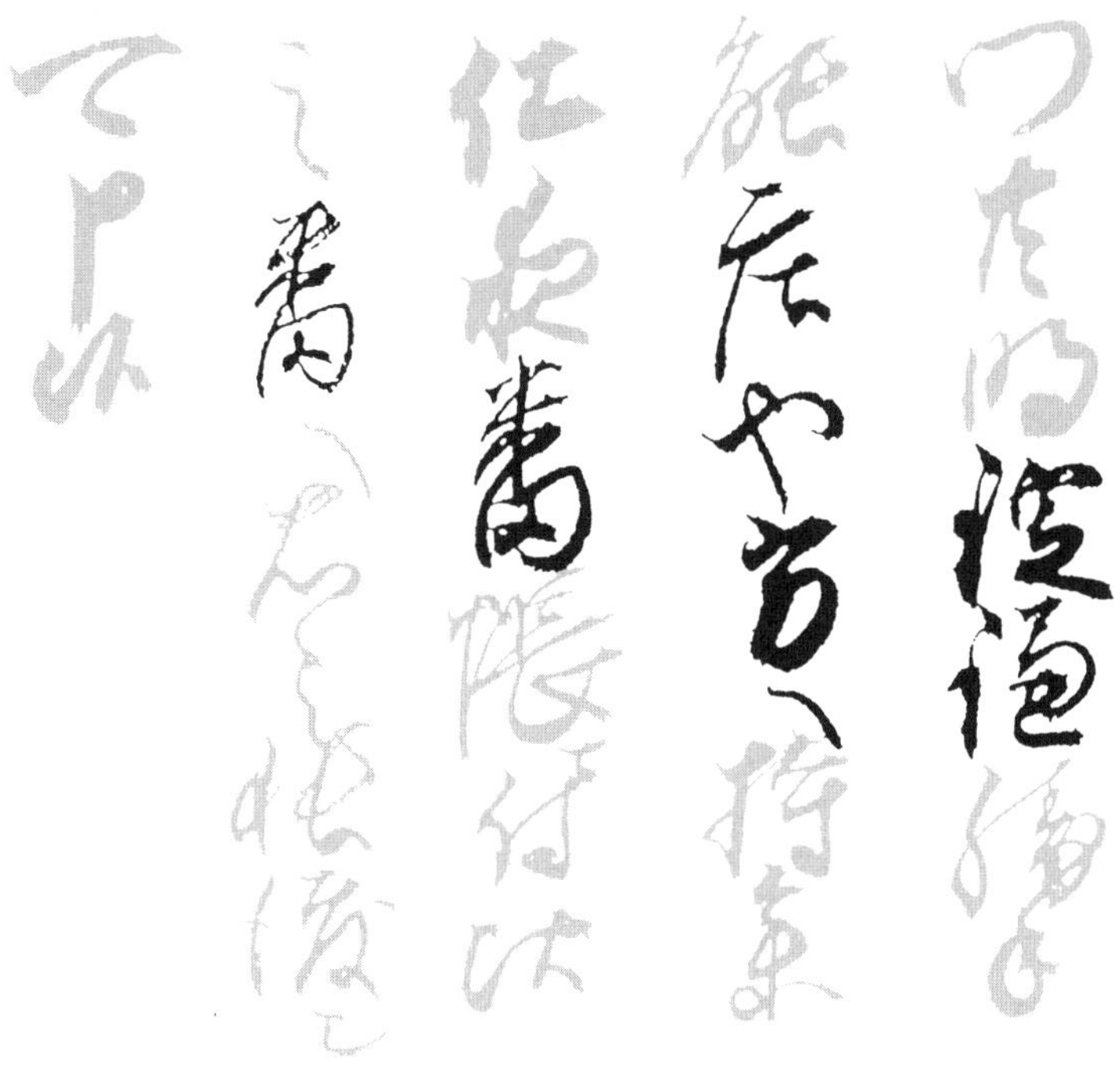

他にもいろいろな漢字がもとになってひらがな読みをしているのを、ご覧になったことがあると思います。

「ま」→万・萬・満・真

「い」→伊・意・移

「り」→里・理・梨・離

〝漢字の方が難しそうに見えるけれども前後の文脈から推測できる。ひらがなの方がわからない〟という声もよく聞きます。もとになっている漢字に注目して、なるほどと理解しながら少しずつ慣れていくことにしましょう。

第二節　日暮れに四か所の門を閉める

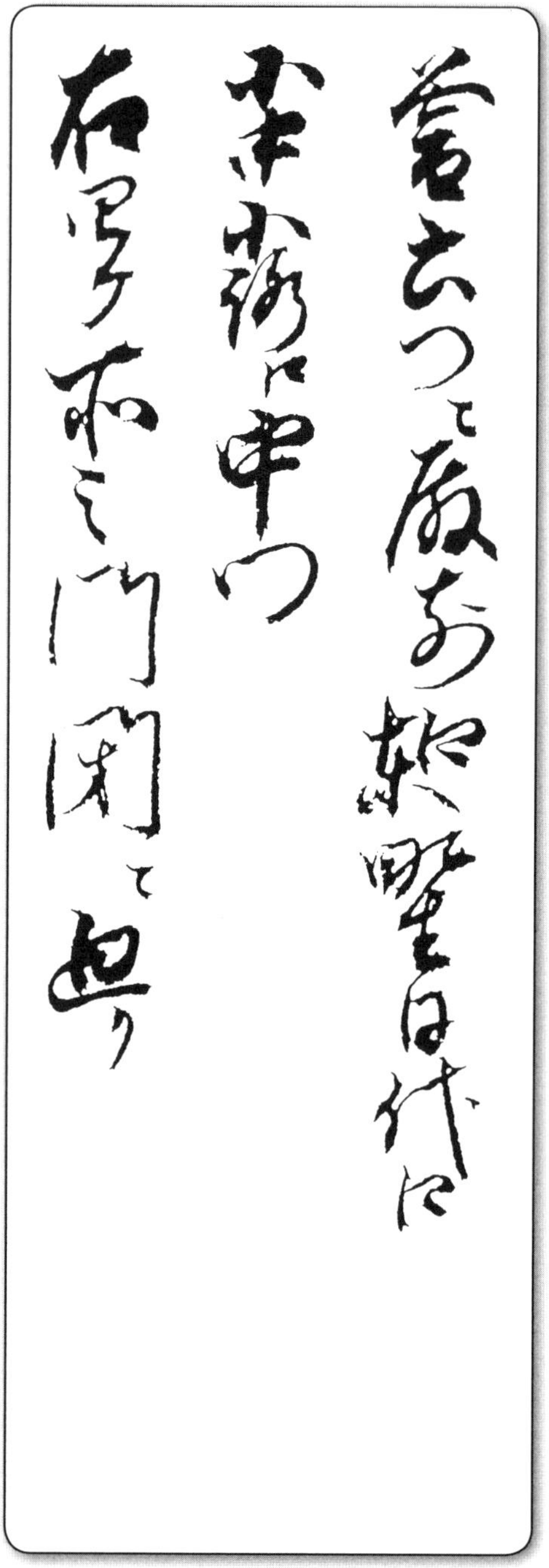

は「暮」です。が「くさかんむり」での部分が「日」です。は「六」に見えるでしょうか。たいてい、このようにくずれます。は、「暮六つニ（くれむつに）」と書いてあるのですね。「つ」は「川」がくずれています。他にも「徒」「津」「都」などがくずれて「つ」とひらがな読みをします。

日暮れの時刻（日没から約三十分後）が「暮六つ」です。現在で言えば午後六時ごろと考え

ればわかりやすいですが、江戸時代の庶民生活で使われた不定時法では季節によってずれるというお話をしました。「暮六つ」は冬至では午後五時過ぎごろ、夏至では午後七時半ごろということになります。

その「暮六つ」に夜番がすべきことが、以下に書かれています。

まず地名が並んでいます。までがひと区切り。は「殿」のくずしです。のようにくずれ、くるくるっと二度ほど巻いていることが多いです。どのように文書の中で出てくるのか、他の文書から拾ってみます。

「殿様（とのさま）」

「貴殿（きでん）」

「万次郎殿（まんじろうどの）」

「八兵衛殿（はちべえどの）」

は「前」です。「前」はのようにくずれます。点は「刂（りっとう）」のくずしと見られ、他の「りっとう」の字にも共通します。

「則」　「別」　「到」

は「口」ですので、で「殿前口（とのまえぐち）」となります。「殿前口」に続いて、さらに三か所の地名が書かれています。その中に「口」があと二か所あるのが、左のくずし字で確認できます。つまり、「殿前口」同様に「何々口」があるのですね。

まずです。

は「東」です。は「野」ですが、異体字「墅」がくずれているようです。江戸時代の古文書には、今ではあまり使われていない字がたくさん出てきます。たとえば「野」についても、同じ意味・使われ方で「墅」「墅」などの字が見られます。現在、標準的な字体（正字）とされている「野」に対して、「墅」「墅」などを「異体字」と呼んでいますが、

江戸時代の人たちは「正字」「異体字」などという意識をせずにいろいろな字を使っています。「野」と同様に、というより古文書を読んでいるとはるかに「壄」「埜」などの使用頻度の方が高いのです。つまり、「野」については、現在は「異体字」と言われている字体の方が、江戸時代は一般的な字として使われていた、ということになります。

同様のことは他の字についても見られます。せっかく「壄」が出てきてくれましたので、ここで古文書によく見られる「異体字」の例を、いくつか挙げてみましょう。

「时」→「時」

「時節（じせつ）」　「当時（とうじ）」

「吴」→「異」

「異論（いろん）」　「異国（いこく）」

「迯」→「逃」

「逃帰（にげかえり）」　「見逃（みのがし）」

「㝡」→「最」

「最前（さいぜん）」　「最早（もはや）」

は何だと思われますか。「畧」で「略」です。現在は左右に書いている「田」と「各」を上下に書いたものです。今でも使われている「嶌」→「嶋」、「峯」→「峰」と同様ですね。

古文書では「枩」↓「松」も出てきます。

前に「踊り字」のお話をしました。しかも一つの文字の中に繰り返しの「踊り字」が出てくる面白さ。「異体字」にも〝これ一つが正解の文字〟と決めつけない豊かな奥深さを感じることができます。これから古文書を読んでいきながら、どんな「異体字」にお目にかかれるか、楽しみにしていてください。

さて、次の字にいきましょう。は「日」は「代」と読めます。そしては「口」でした。

「東野日代口」となりました。これは「ひがしのびたいぐち」と読みます。

「殿前口（とのまえぐち）」に続く二つ目の「口」です。

に進みましょう。

「小」「中」「小」までいいですね。

次のは「路」なのです。「あしへん」に「各」です。「あしへん」には、このように「ごんべん」に似たくずしと、「正」に似たくずしがあります。ですから「路」もここに出てきたようなといううくずしとといううくずしがあります。

は「小中小路口」でした。これは「こなこうじぐち」と読んでください。地名などの固有名詞は、その土地その土地での特有な読み方がありますので、確かめる必要が

あります。他の文書にひらがなやカタカナで書かれているものがあると一番確かです。しかし、それも同時期のものでないと、同じ場所で同じ漢字表記でも中世と近世では違う呼び方をしていた、などという場合もあります。

は「中門」です。「門」は五四頁の「門数戸」の「門」よりくずれています。「中門」は「なかのもん」と読みます。

次はまでが、ひと区切りです。まずは「右」。は「四ツ」「四度」の「四」です。は「ケ」と書かれています。は「所」のくずしです。古文書でよく出てくる字です。などとくずれます。は「之」。「弐人之内」の「之」です。「門」も「門数戸共」で見ました。「右四ケ所之門（みぎよんかしょのもん）」と読めました。

①殿前口
②東野日代口

③小中小路口
④中門

の「四ケ所」のことですね。

に進みます。

は「もんがまえ」に「才」ですので「閉」です。「もんがまえ」の部分は、先ほど見た「右四ケ所之門」の「門」と同じですね。は「二」ですので「閉ニ（しめに）」と読めます。は「廻り」。五二頁の「相廻り」の時とほとんど同じくずしです。「閉ニ廻り（しめにまわり）」と書かれていました。

まず夜番は、日暮れ時に「四ケ所」の門を閉めに回ることが義務づけられていたことがわかりました。その門の「錠鎰」は「庄や方」に取りに行くのでしたね。

ここで村絵図を見ましょう。左の写真は正徳五（一七一五）年、『南組夜番帳』と同年に描かれた村絵図です（東京大学経済学部資料室所蔵の浅田家文書『絵図并家数覚』）。

北

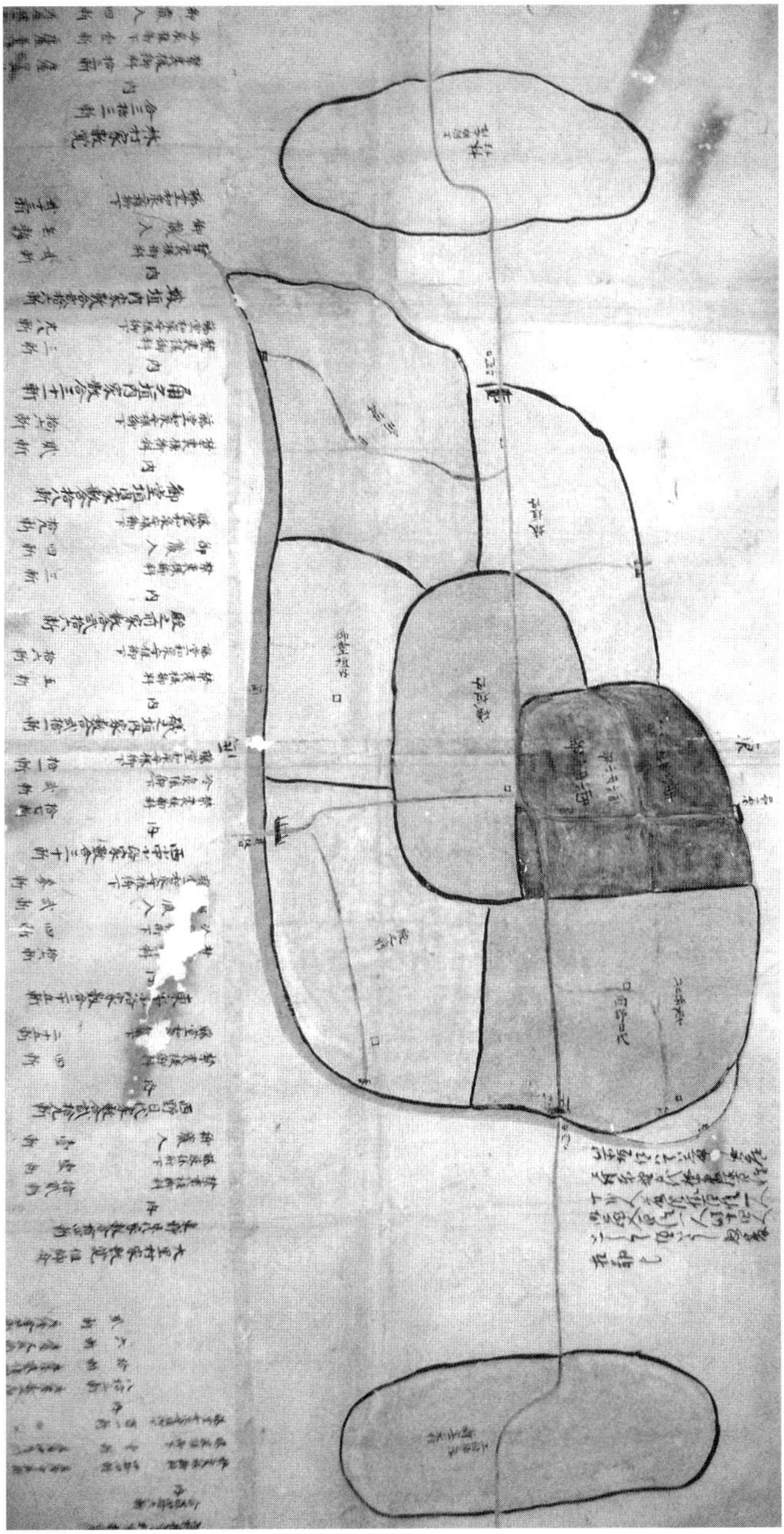

南

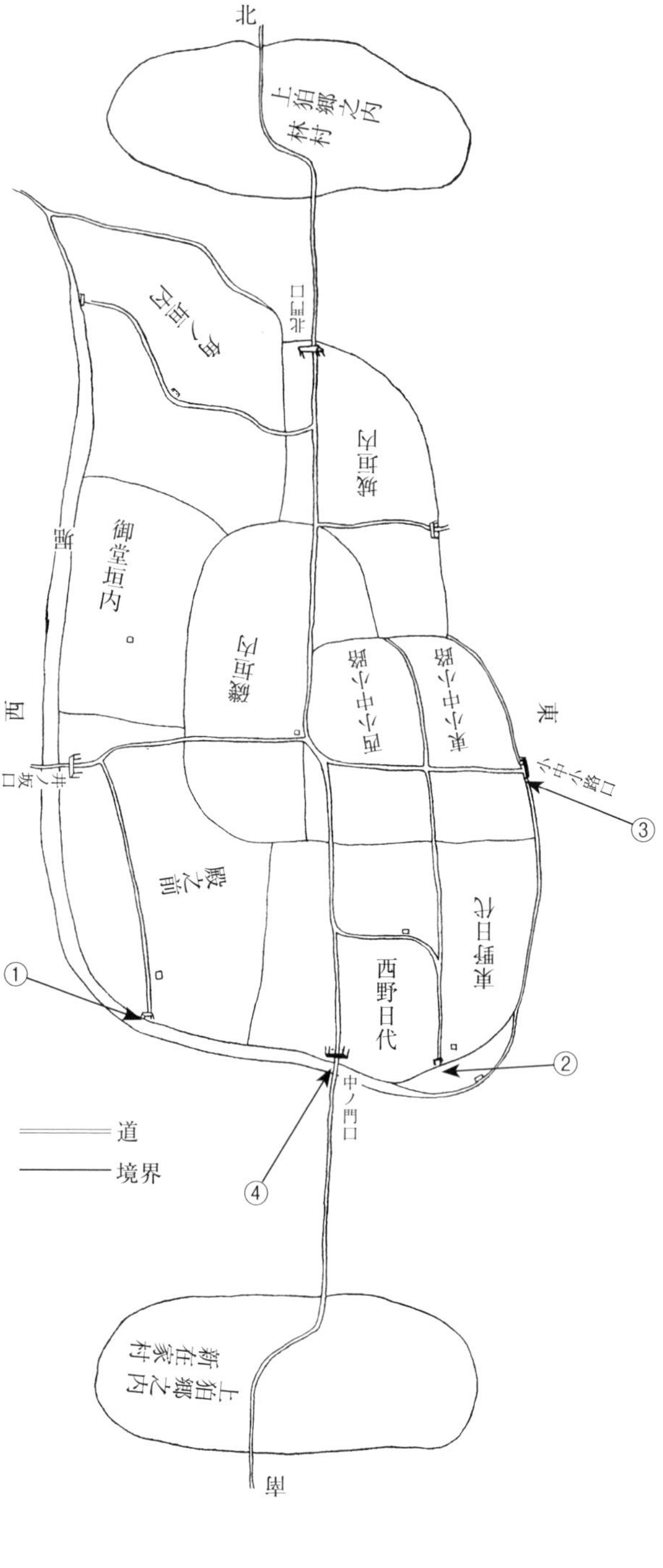
北
上狛郷之内
林村
北門口
一色垣内
城垣内
御堂垣内
西
藤垣内
西ノ中小路
東ノ中小路
東
井ノ坂口
殿之前
東野日代
西野日代
中ノ門口
①
②
③
④
道
境界
上狛郷之内
新在家村
南

右は、八五頁の村絵図をもとにして作成した図です（小川幸代「浅田家文書の村絵図の検討」より）。この図をもとに、文書の内容を確認していきましょう。

真ん中の大きな部分が、濠で囲まれた大里環濠集落です。六九頁でお話したように、北にある林村、南の新在家村を含めて、広義の上狛と称される地域です。

大里には、北は「北門口」、南は「中ノ門口」、東は「小中小路口」、西は「井ノ坂口」と、東西南北の入り口に門が築かれ、この他にもさらに四か所に門があったことがわかります。

大里内は九つの区域に分かれています。北の方から角ノ垣内（すみのかいと）・城垣内（じょうがいと）・御堂垣内（みどがいと）・磯垣内（いそのかいと）・西小中小路（にしこなこうじ）・東小中小路（ひがしこなこうじ）・殿之前（とのまえ）・西野日代（にしのびたい）・東野日代（ひがしのびたい）。「西法花野村」「東法花野村」「野日代村」といった「行政上の村」ではなく、目に見える形での「生活上の村」がここにあり、それぞれの区域が単位となって毎日の生活が営まれていたことがわかります。

この九つの地域は、北組と南組の二つの組に分かれて、夜番を務めていたことが関連文書からわかります。

北組からは二人出て「北門口」に詰めます。

南組では二人が「中ノ門口」に詰めました。私たちが読んでいる『南組夜番帳』は、この

「中ノ門口」に詰めた夜番に対する決まりだったことがわかります（正徳五〈一七一五〉年五月十日の文書には、南組からもう一人「小中小路東口」に詰める、とあります）。

『南組夜番帳』一か条目の「弐人ツ、番屋へ相詰」の「番屋」は、大里の南に位置する「中ノ門口」にあったわけです。

先ほど読んだ、夜番が戸締りする四つの門を、文書と図で確認しておきましょう。

①殿前口
②東野日代口
③小中小路口
④中門

「とのまえ」が、文書では「殿前」、村絵図では「殿之前」となっています。同じく「なかのもん」も、「中門」とも「中ノ門」とも書いたようです。「こなこうじ」も、文書によっては「小仲小路」とも書かれています。

大里環濠集落自体が、重要な街道の一部になっていました。この集落のちょうど中央を、奈良街道が南北に貫いていたのです。

つまりこの村絵図でいうと、北側の「北門口」を出て向かう先が京都方向、南側の「中ノ門口」の方向が奈良になります。かなりの人間や物資が、この街道を日常的に往来していたと考えられます。昼のみならず、夜の大里の防火や警備は重要な課題だったでしょう。

そもそも八五頁の村絵図は、正徳五（一七一五）年に夜番の分担金をめぐって争論が起き、その過程で描かれ、京都代官小堀仁右衛門に差し出されたものの控えです。結局、近村の神童寺村の庄屋・年寄の仲裁によって、高割（たかわり。石高に応じた割り方）で費用を分担するという解決をみたようです。

夜番をめぐって、そのあり方や方法などが地域の生活の重要な課題であったことがわかります。

第二節の解読をまとめてみます。

暮六つニ殿前口・東野日代口・
小中小路口・中門
右四ケ所之門閉ニ廻り

（くれむつに、とのまえぐち・ひがしのびたいぐち・
こなこうじぐち・なかのもん、
みぎよんかしょのもん、しめにまわり）

第三節　翌朝に門を開ける

短いですが、ここでひと区切りにしましょう。

は「羽」と「立」で「翌」です。

は「朝」です。旁のが「月」のくずしですのでよく見ておいてください。

「門」は「中門」の「門」と同じくずしです。

「共」は「門数戸共」の「共」でした。

次のは「明」です。が「日」が「月」のくずしです。先ほどの「朝」の「月」と比べてみましょう。「月」のくずしは、このように下の方が右にぐっと止まっている形と、丸まっている形が見られます。

したがって、「朝」にものようなくずしも見られ、「今朝」などと書かれています。同様に、「明」もがあり、「明日」などを見ることができます。

「翌朝門共明」と読めました。「よくあさ、もんどもあけ」と読むことができます。前日の「暮六つ」に閉め、夜中に四度「念入相改」めた「門」を、翌朝に「開ける」のですね。

そうでした。門を「あける」を、私たちは「開ける」と書きます。しかしここでは「明」と書かれています。〝間違っている〟と思われたでしょうか。確かに、現在の漢字テストで「門を明ける」と書いたら、バツをされてしまうでしょうね。しかし、古文書では、音（オン）さえ合えば、まるでいろいろな書き方を楽しんでいるかのように多様な表現が見られます。それは、単に〝当て字〟〝勘違い〟〝間違い〟というだけでなく、何か豊かな世界を感じさせます。

いくつか例を挙げてみます。

これは何でしょう。

「浮空」と書かれているようです。「うわのそら」のことですね。どんなところに出てきたかと言いますと、寺子屋の規則の中にありました。浅田家文書の中の一点に、村の善正寺のお師匠さんが寺子（生徒）に向けて作った十五か条の決まりがありました。そこに、次のようにあります（拙著『古文書はこんなに面白い』柏書房）。

・手習いを早く終わらせてしまおうと思って、大急ぎでいいかげんに書いてしまったり、世間話をしながら浮空で書くようなことは、まったくもって何の意味もないことである。

現在は、「上の空」と書くのが「うわのそら」の〝正しい〟書き方のようです。しかし、この場合、「浮空」の方がピッタリきますね。〝心がふわふわ空に浮いていて、心ここにあらず〟の状態は「浮空」そのものです。

演舌　これは何だと思われるでしょうか。

「演舌」と書かれているようです。「演説」のことですね。

これは、白木屋文書の中でお目にかかりました。「演舌」と表紙に書かれた帳面が数冊あります。白木屋文書は、大呉服商白木屋の江戸日本橋店（えどにほんばしだな）の文書です。白木屋の本店（ほんだな）は京都にあって、日本橋店は出店でした。当主は本店にいます。当主は日本橋店に伝えたいことを書面に認め、それを持った名代を江戸に差し向けて、一同の前で読ませました。文字通り、名代の「舌」が当主の代わりに「演」じているのです（拙著『江戸奉公人の心得帖——呉服商白木屋の日常』新潮新書）。

これも「演説」よりも「演舌」の方が、その場の状況が思い浮かびます。

その他にも、深切（親切）、行衛（行方）、留主（留守）などはよく見られます。厄介が役界、行儀が形儀、面倒が面働、浄瑠璃が上瑠理と書かれていたりします。

次はどんな字にお目にかかれるか、どんな表現と出会えるか、と楽しみになるぐらいです。〝間違っている〟と目くじらをたてずに、「なるほど、面白い」「書き方の正解が一つしかない、という文化ではないのだ」と思ってしまった方が、奥行きが深い古文書と長く付き合っていくためには賢明です。

ここでの「門」を「明」も、そのように思ってください。

では、第三節の解読をまとめます。

翌朝門共明

（よくあさ、もんどもあけ）

第四節　再び庄屋方へ

「錠鎰」は二度目の登場です。七四頁のとほとんど同じくずしです。くるっと丸まった「かねへん」が大事でしたね。

次はまでが、ひとまとまりです。は少し難しいですが、「勝」のくずしです。が「手」ですので で「勝手（かって）」となります。は「能」です。ということはで「勝手能」となります。これは、「かってよく」と読みます。〝うまく都合を見計らって〟といった意味でしょう。

「勝」が他の文書の中で、どのように使われているか見ておきましょう。

「勝負（しょうぶ）」

「御堅勝（ごけんしょう）」

「殊勝（しゅしょう）」
「不作勝（ふさくがち）」

このような例も見られますが、やはり「勝手」に関したものが多いですね。それらは、「勝手」が〝都合〟の意味で使われている場合と、〝生計〟の意味で使われている場合があります。

「御勝手向（おかってむき）」
「手前勝手（てまえがって）」
「勝手次第（かってしだい）」

「不勝手（ふかって）」などという言葉も出てきます。〝都合が悪い〟〝生計が成り立たない〟のどちらで使われているか、前後の文脈から意味を考える必要があります。
「能」も大切な字ですので見ておきましょう。

「能々（よくよく）」
「能々相心得（よくよくあいこころえ）」
「不レ能（あたわず）」
「不レ能二其義一（そのぎにあたわず）」

くずし字は、くずし方そのものも面白いですが、読み方も興味深いですね。そして、このように文書の一部を切ってきても、その前後にどのような文章があるか、ある程度想像することができます。これからも、どうぞ機会があるたびにたくさんの古文書と出会って、いろいろな表現を楽しんでいってください。

先に進みます。「庄や方へ」は、七三頁のとほぼ同じくずしです。比較してみてください。

は、大切な字がまとめて出てきてくれました。

は「てへん」に「寺」が、きれいに書かれています。「寺」がのようにくずれますので、「持」にものようなくずしが見られます。

は「参」の典型的なくずしです。「参」はのようにくずれます。

は「持参（じさん）」とわかりました。いろいろな「持参」を、他の文書から拾ってみましょう。

   「持参（じさん）」

は「仕」ですので「つかまつり」と読みましょう。

で「持参仕（じさんつかまつり）」と書かれていました。

「錠鎰」を「勝手能」「庄や方へ」「持参仕」ですから、前日に借りてきた「錠鎰」を、夜番の役割を果たした後に、朝のうちにきちんとまた庄屋さんの所に戻しなさい、という主旨ですね。そして

↓その「錠鎰」をまた次の夜番が取りに来る
↓「暮六つ」に四か所の門を閉める
↓夜中に拍子木を打ちながら四度夜回りする
↓朝、「錠鎰」を戻す

というように、夜番のサイクルが繰り返されていたのでしょう。「錠鎰」の定位置が庄屋さんの所だったこともわかりました。

錠鎰勝手能庄や方へ持参仕（じょうかぎ、かってよく、しょうやかたへ、じさんつかまつり）

では、第四節の解読をまとめておきましょう。九四頁のくずし字と見比べてみてください。

第五節　夜番帳を引き継ぐ

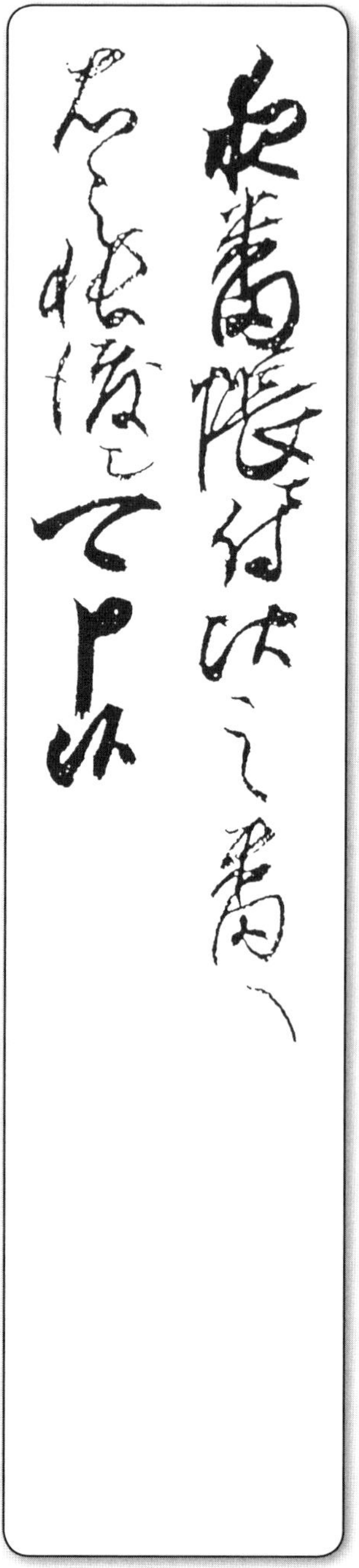

「夜番帳」はいいですね。

その次のは、ここに二文字書かれています。右上のがカタカナの「ニ」。その下のは「にんべん」に「寸」ですから「付」。「夜番帳ニ付」。これは、「よばんちょうにつけ」と読むと、意味が通じそうです。夜番帳に「付ける」、つまり「書きつける」「記入する」ことですね（一八九頁参照）。

は「次」です。「にすい」に「欠」が書かれています。

「次之番へ」と読めそうです。

に進みましょう。

まず、一文字目のは「右」。三七頁の「右之刻限ニ」の「右」ですが、少しくずし方が違いますね。ここで、「右」と「左」の見分け方をお話ししておきましょう。活字になると、はっきり見分けがつく「右」と「左」ですが、古文書の中では迷うことが多いと思います。「新左衛門」なのか「新右衛門」なのか。「右之通」と書かれているのか「左之通」なのか。意外と難しいです。

・「右」は、「口」の部分が平たくうすく一直線に近くなるという特徴があります。「口」の左の縦棒が入っているくずしも見られこれは「右」だとわかりやすいです。

・「左」は「エ」の部分がかなり大きく右上がりになります。といった形です。

文書の中で、前後の文意から判断するのが一番ですが、人名や地名などの固有名詞ではそうはいきません。いろいろなくずしに出会いながら、「右」か「左」か、少しずつ慣れていってください。

次のは「之」。五八頁の「弐人之内」の「之」、八三頁の「四ケ所之」の「之」です。

は「帳」のくずしです。今までの「帳」はきれいでしたが、ここでは少しくずれています。が「巾」のくずし、が「長」。「長」はたいていこのようにくずれます。先ほどの「夜番帳」の「帳」と比べてみてください。

とが同じ「帳」。

「巾」がとも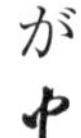ともくずれる。

「長」がともともくずれる。

これらが、他の漢字の一部としてその漢字を見分ける時の手がかりになります。

これでが「右之帳（みぎのちょう）」と読めました。「右之帳」とは、「夜番帳」のことですね。

の旁は「度」が書かれています。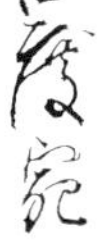「四度宛（よどずつ）」の「度」ですが、少し違うくずし方です。偏のは「にんべん」「ぎょうにんべん」か、それとも「さんずい」か、と迷うと思いますが、下に「シ」が書かれていますので「渡シ」、つまり「さんずい」が書かれているらしいと判断できます。「渡」も古文書によく出てくる字ですので、いくつか他の例を見ておきましょう。

「渡来之節（とらいのせつ）」

「申渡（もうしわたし）」
「被ニ仰渡一候趣（おおせわたされそうろうおもむき）」

次のは、一つ目の「一つ書き」でよく見た（二六・二七頁）「可レ申候（もうすべくそうろう）」でしたね。

前節で見た「錠鎰」だけでなく、「夜番帳」も「次之番」に引き継ぐことになっていたことがわかりました。

では、第五節の解読をまとめます。

夜番帳ニ付次之番へ（よばんちょうにつけ、つぎのばんへ）
右之帳渡シ可レ申候、（みぎのちょう、わたしもうすべくそうろう）

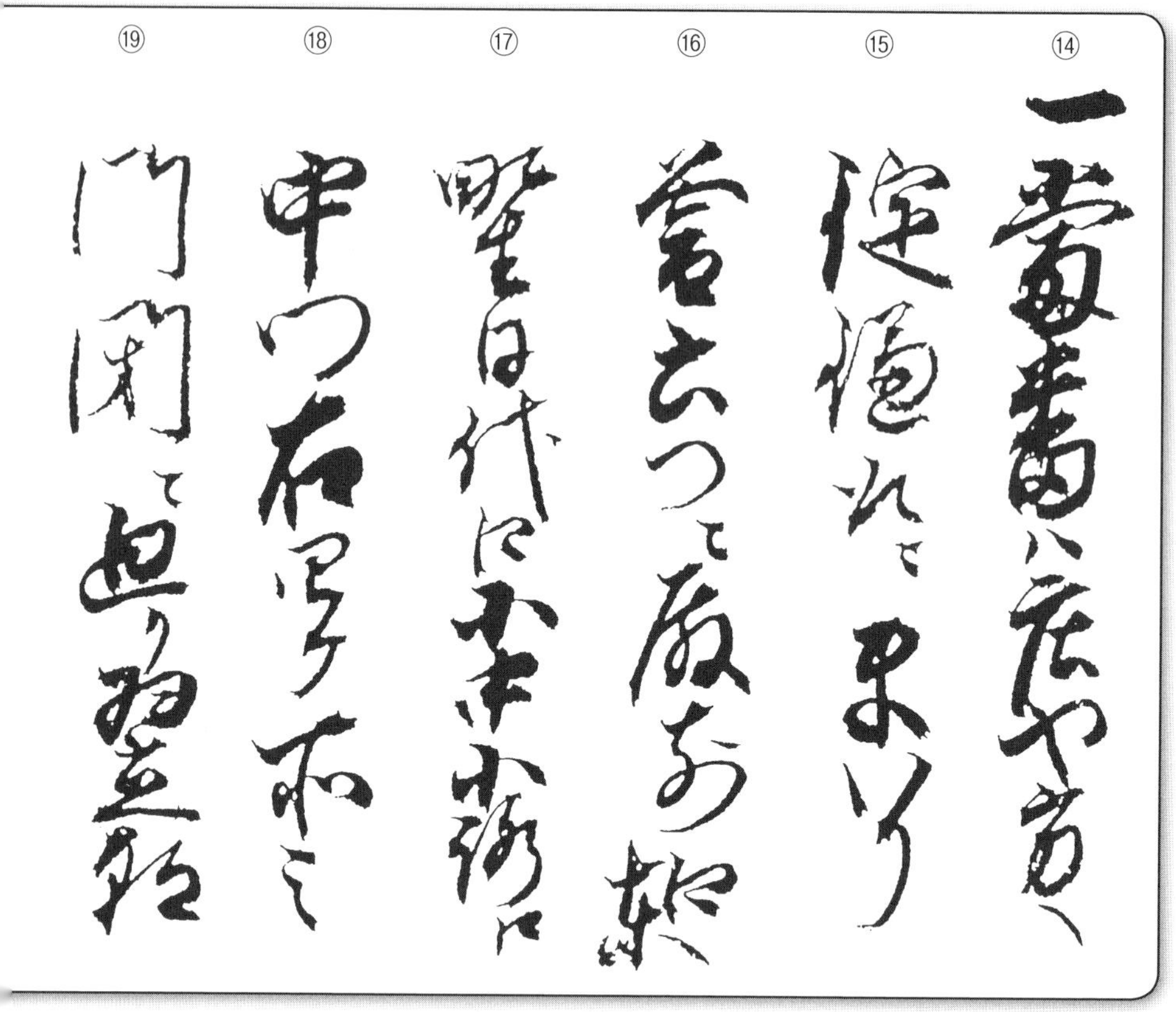

これで、二か条目を読み終わりました。上に載せた全文を声に出して何度も読んでみてください。「殿前口」「野日代口」「小中小路口」「中門」などの固有名詞もだいじょうぶでしょうか。

いろいろな読み方をしてみるといいですね。文書に目を近づけて「殿」「前」「口」と、一文字ずつ区切りながらゆっくり確認して読む。少し目を離して全体を見ながら「殿前口」とまとまりごとに読んでいく。

さらに、くずし字の上を指でなぞってみましょう。

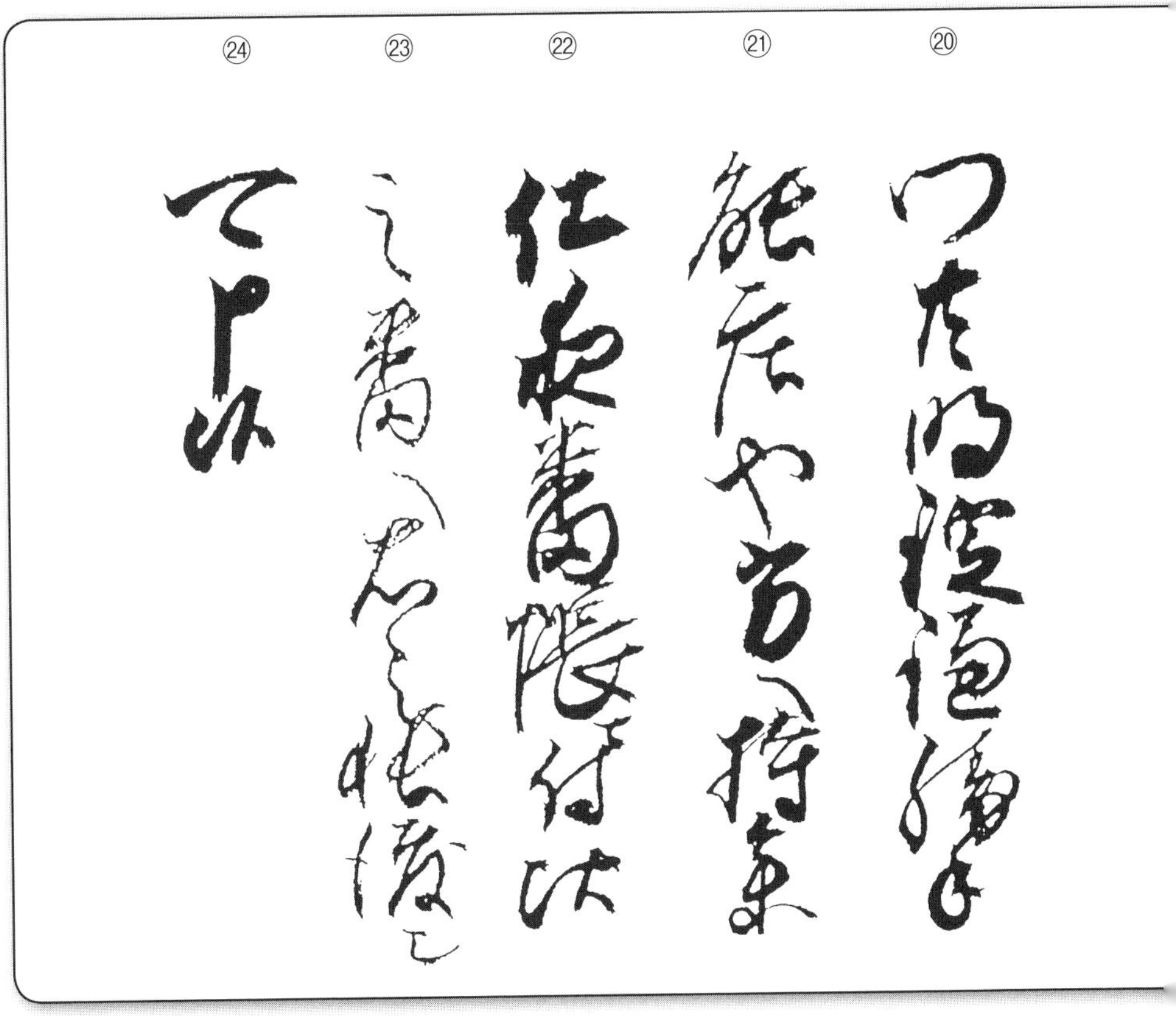

この箇条には、「かねへん」「くさかんむり」「月」など大切なくずしがたくさんあります。

解読文

一、当番ハ庄や方へ
　錠鎰取ニまいり、
　暮六つニ殿前口・東
　野日代口・小中小路口・
　中門、右四ケ所之
　門閉ニ廻り、翌朝
　門共明、錠鎰勝手
　能、庄や方へ持参
　仕、夜番帳ニ付、次
　之番へ右之帳渡シ
　可レ申候、

村を訪れる宗教者（『大和名所図会』より）

第四章　不審者への対応

第一節　怪しげな者が来たときには

「一（ひとつ）」と、三か条目の「一つ書き」がはじまります。

・一か条目………深夜四度の夜回りの手順

・二か条目………「錠鎰」「夜番帳」の扱いと引継ぎなど

こんどは、どのようなことが書かれているのでしょうか。

は何と書かれているのでしょうか。

真ん中のは少し変わった形ですが「成」と読めます。その下の二文字は「者と」と書かれています。「と」は「止」がくずれたものです。

下半分は「成者と（なるものと）」とわかりました。ですから「（何とか）成者と」の（何とか）に当てはまる言葉でのくずしを考えていくことになります。

は旁のは「月」、偏は「古」です。の部分が「口」です。全体では「胡」の字です。その下のの偏の下の部分も「口」です。この偏は「舌」です。旁は「し」ですのでは「乱」。

「胡乱」は「うろん」と読めます。

「胡乱成者と（うろんなるものと）」と解読できました。〝怪しげな人物、不審者〟が「胡乱成者」ですね。

、は「相見へ（あいみえ）」と読めます。「相」は久しぶりです。一つ目の「一つ書き」でたくさん出てきました。ここで、戻って確認しておくことにしましょう。次のページに一か条目の全文を載せて「相」を拾っておきます。比べたり指でなぞってみたりしてください。

を初めて見た方は、「いったい、何と書いてあるのだろう」と首をかしげられたことでしょう。そもそも、ここに何文字書かれているかもわかりませんね。しかし、何度か読んだ経験のある方は、「出てきた出てきた」と喜び勇んで、すぐ読めてしまったと思います。

ここには三文字書かれています。が一文字目で「候」。今までの「候」は「可レ申候」の「候」でした。は本当にきれいな「候」のくずしですが、「候」のくずしはこれだけではありません。いろいろあります。筆がすっとおりて止っているだけの

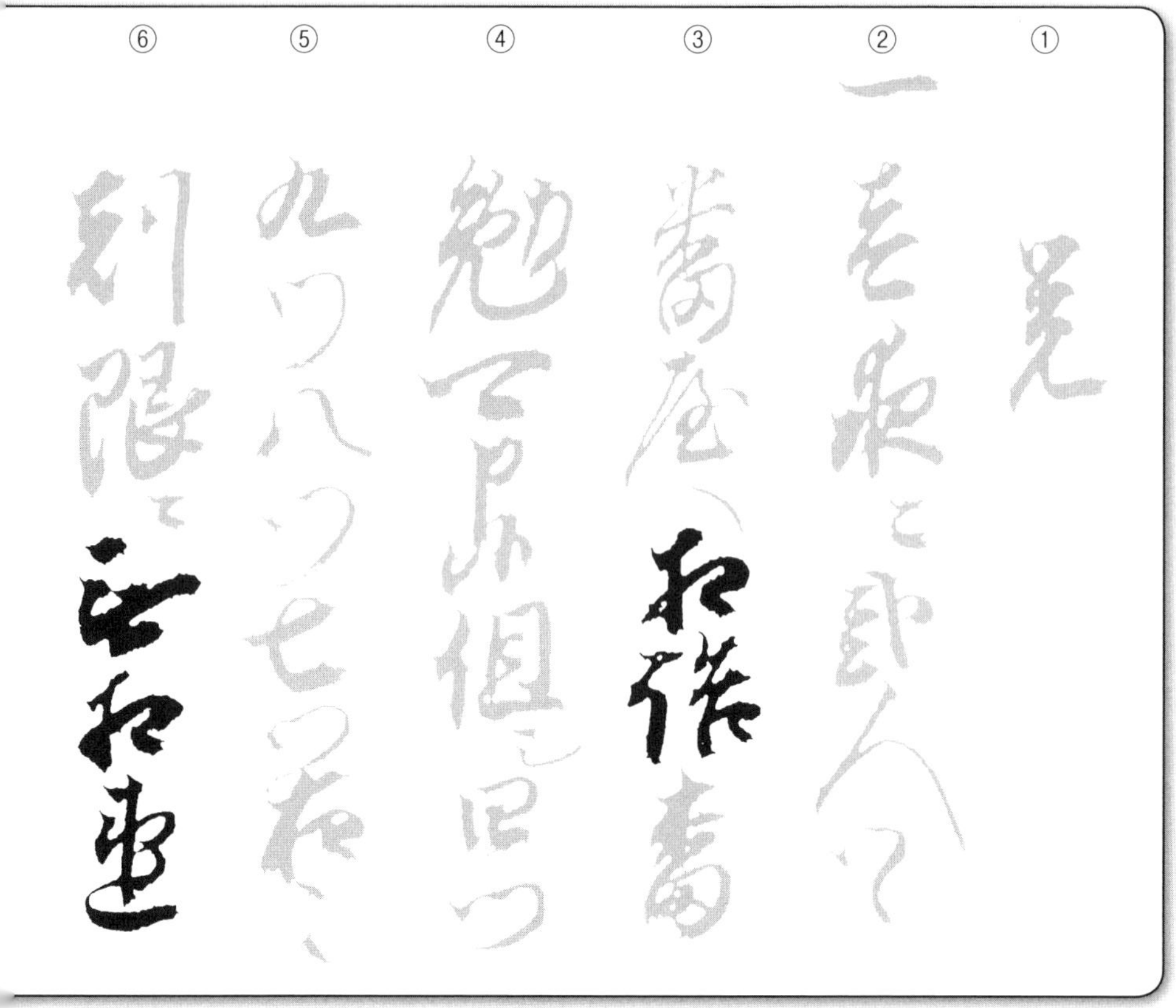

も「候」です。
　次のはカタカナの「ハ」が横に開いて一直線になったものです。そしてその下のは、カタカナの踊り字の「、」が書かれていると見ます。
　で「候ハ、」とわかりました。これが「そうらわば」です。「候ハ、」は大切な表現ですし、このくずし方でよく出てきます。「そうらわば」と言いながら、何度も指でくずし字をなぞってください。
　「胡乱」な者と「相見へ候ハ、」つまり、夜番の務めについている時に〝不審者がやってきたら〟〝見

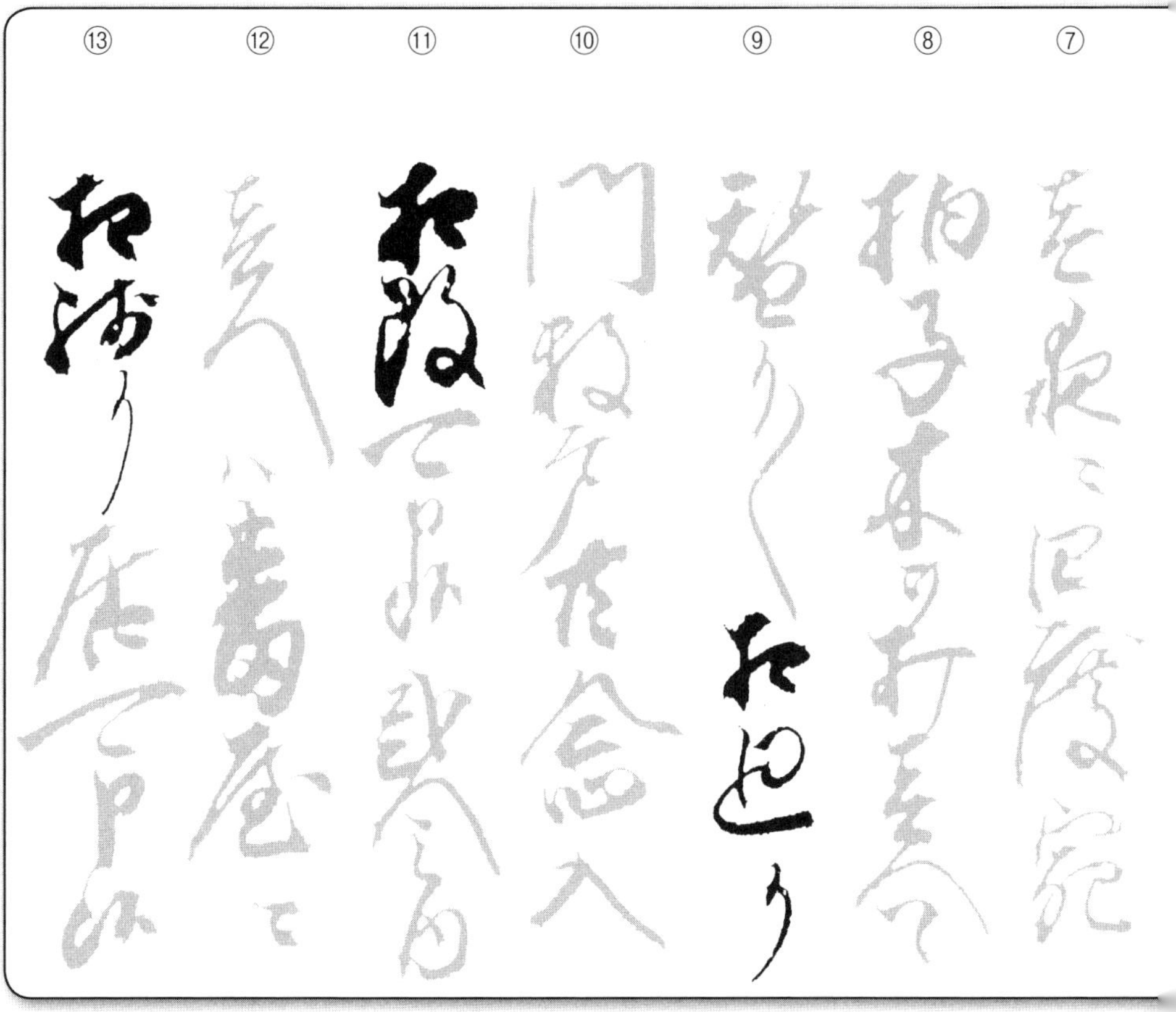

るからに怪しげな人物だと見受けられたら〟ということですね。

第一節の解読のまとめです。

一、胡乱成者と相見へ候ハ、
（うろんなるものと、あいみえそうらわば）

上は、なつかしい一か条目です。今読んでいる三か条目にも「相見へ」がありましたが一か条目の「相詰」「無二相違一」「相廻り」「相改」「相残り」を、もう一度見ておいてください。

第二節　北門まで送り届ける

吟味の偏口口は両方とも「口」です。どちらも「くちへん」の字ということになります。上の字は「くちへん」に今「今」の「吟」、下の字は「くちへん」に未「未」の「味」。

吟味で「吟味（ぎんみ）」ですね。

之上は「之上（のうえ）」と読めます。

吟味之上「吟味之上（ぎんみのうえ）」は、〝取り調べた上で〟〝聞き糺した上で〟ということです。

・どこのだれか
・何のためにここに来たのか
・これからどこに行くのか

これらについて、「夜番」として「胡乱成者」に対して責任をもって問い糺す義務があったことがわかります。

「吟味之上」どうするのでしょうか。それが、次に書かれています。

ですが、「小」にもう一つ点が加わったような形のくずしは「北」のくずしです。は「門」でしたからで「北門」となります。八五頁の村絵図（八六頁の図）で「北門口」が確認できます。「北門（きたのもん）」と読んでおきます。

「北」が出てきましたので、ここで「東西南北」のくずしを見ておきましょう。

「東」……これは「東野日代口」にありました。のようにくずれるのが「東」です。

「西」……などのくずしが見られます。

「西国（さいごく）」

「西国筋（さいごくすじ）」

「東西（とうざい）」

「南」……「南組夜番帳」の「南」はほとんどくずれていませんでしたが、左の縦棒がないなどがよく出てきます。

「南都（なんと）」

「南向（みなみむき）」

「北」……のようにくずれます。

「指南を請（しなんをうけ）」

「北国（ほっこく）」

「北之御丸（きたのおんまる）」

「東西南北（とうざいなんぼく）」

では、戻ります。「北門」の次のはが「しんにょう」は「占」ですので「迠」と書かれています。これは「迄」の異体字ですので、「北門迄」と読んでください。「しんにょう」は、一か条目の「無二相違一」の「違」にもありました。上からおりてきてこのように下の方で横棒になってしまうことが多いです。他の「しんにょう」の字も見てみましょう。

「近」　「返」　「速」

「通」　「連」　「進」

「運」　「過」　「遂」

「遅」　「遠」　「遣」

重要な字が多いですから、他の文書でいろいろなくずしや言葉に出会う機会を楽しみにして

いてください。

進みましょう。早速「しんにょう」の字「送」が出てきましたが、きれいな「しんにょう」が書かれています。「送り届ケ」とそのまま読めそうです。

そして「可レ申候」で文が区切れています。

八五頁の村絵図で見たように、京都と奈良を結ぶ奈良街道がこの村の中を通っています。京都に通じる方の門が「北門」です。〃「胡乱成者」に聞き糺した上で「北門」まで送り届ける〃というのは、〃夜間に南方面から大里にやってきた旅人に尋問した上で、北門から京都方面に送り出す〃ということでしょう。

夜番の役割は、拍子木を打ちながら回る「火の用心」だけでなく、不審者に尋問し「胡乱成者」から村を守る警備の役目もあったことがわかります。

では、第二節の解読をまとめます。

吟味之上、北門迄送り届ケ可レ申候、
（ぎんみのうえ、きたのもんまで、おくりとどけもうすべくそうろう）

第三節　村への訪問者だった場合

は、初めて出てきました。が「くさかんむり」が「右」です。この「右」は私たちが現在書く筆順のように、斜めに払ってから横棒が引かれて次に口が書かれています。「くさかんむり」に「右」ということは「若」です。その次が「又」ですから「若又（もしまた）」と書かれています。

は「きへん」に「寸」で「村」。は、一か条目にあった「弐人之内」の「之内」と同じです。

その下に書かれたは「へ」ですから、「村之内へ」となります。

ここまでが、ひとまとまりです。

は、二か条目にあった「錠鎰取ニまいり」の「まいり」。元の漢字は「末以利」でしたね。次のは「候」。その次のは「と」です。これが意外と読みにくかったかもしれません。「胡乱成者と」の「と」同様に、「止」がくずれたものです。

は「まいり候と」と書かれているとわかりました。

は「申」。「可レ申候」の「申」の右半分の円がさらに小さくなっています。は「もの」。は「毛」がくずれた「も」です。ひらがらの「も」の場合、「毛」か「茂」のどちらかで「も」と読ませていることが多いです。「の」は「乃」です。

は「まいり候と申もの（まいりそうろうともうすもの）」と読めました。

その次のは、とても大切な字で古文書によく出てくる字です。「有」のくずしです。「有」はのようにくずれます。その下に「之」がありますので、「有レ之（これあり）」です。その下のは、どこかで見ましたね。第一節の「相見へ候ハヽ」の「候ハヽ」です。「有レ之候ハ、（これありそうらわば）」と読めました。

ここで「候」にちょっと注目しておきましょう。

ここまで読んでいらっしゃってお気づきのように、古文書には句読点がありません。どこまでも切れずに続いていますので、自分で読みながら適切な所で区切らなくてはいけません。近世文書の解読文には句点（。）を使わないのが通例です。現在なら句点（。）を付ける文の終わりに読点（、）を入れます。その他にも、適当な箇所に読点（、）を打ちながら解読していきます。この時「どこに読点（、）を入れたらよいか迷う」という声をお聞きします。特に、解読文を作る課題があった時など「自分が打った読点（、）が多すぎるようだ」「解答例と違う所に打ってしまった」などと不安や疑問に思われるようです。

私はその時、次のようにお答えするようにしています。

①現在だったら句点（。）を付ける箇所、つまり文の終わりには必ず読点（、）を打ってください。これは必ずです。

②あとは、多少読点（、）が多くても少なくてもかまいません。現代文でも読点（、）を多用する人とほとんど付けない人がいます。必ずしも、解答例とぴったり同じでなく

てもかまいません。

③ただし、〝そこに読点（、）を打たなくては、文意を取りそこなう〟〝ここに打たないと誤解される〟という箇所には必ず打ってください。

ここで「候」の話にもどります。

「候」は文の終わりに来ることが多いです。つまり、①のケースですね。その意味では、「候」は確かに文の区切れの目安の一つになります。今まで何度も出てきた「可レ申候」は、これに当たります。六五頁の、一か条目の全文の解読を参照してください。その他にも「御座候（ござそうろう）」「奉レ存候（ぞんじたてまつりそうろう）」「被二仰付一候（おおせつけられそうろう）」など、「候」で終わる文はたくさんあります。

ただし、「候」があるからといって、すべてそこで文が区切れるとは限りません。

「まいり候と申もの」

「有レ之候ハ、（これありそうらわば）」

今回のこの二つは、続けて読む例です。

他にも、たとえば「候得者（そうらえば）」「候得共（そうらえども）」「候故（そうろうゆえ）」「候時（そうろうとき）」「候間（そうろうあいだ）」「候由（そうろうよし）」など、「候」で切れずに次につながっていく場合がたくさんあります。

さらに、「まいり候と申もの」の方に関連して、もう少しお話をさせてください。

古文書には句読点がないぐらいですから、もちろん会話文の鍵括弧「　」もありません。〝ここは会話文を書いているらしい〟〝内容的に、話した内容だ〟と読みながら判断しなければなりません。

㋐話しているのは誰か

㋑誰に向けて話しているのか

㋒「　」をつけるとしたら、どこからどこまでになるか

これらのことを考えながら文意を取り、それがその文書全体の中でどのような意味を持っているかを考察していきます。

㋐㋑については、古文書では主語が省略されていることがほとんどです。省略されている上に、一つの文の中でも動詞に対する主語がそのたびごとに違っていたりします。ですから慎重に文意を取る必要があり、逆に取ると意味を取り違えてしまいます。しかし、それは決して難しいということではなく、文脈に沿って考えていくのは楽しいものです。そして必ず「なるほど」と意味がわかり、文書全体の構成も見えてきます。

㋒については、直接話法と間接話法が混ざったような書き方が多く、正確にどこからどこまでが「　」と言いにくい時がほとんどです。だいたいここからここまでで切れる、と見分

けられたらいいと思います。
さて、ここではそれほど複雑ではありませんが、

「村之内へまいり候」

これを、「胡乱成者」が直接言った言葉として「　」に括って考えることもできそうです。
その場合は「候」で切れることになります。先ほどは、地の文として続けて読みました。

いずれにしても、夜中に「胡乱成者」が登場した場合には、吟味してから二つの処理の仕方があったようです。一つは「北門迄」送り届ける。もう一つが、「村の中の知人に用があって来た」と言った場合の対処の仕方のようです。その場合は、どうするのでしょう。次節に書かれている内容が楽しみです。
その前に、本節の解読を確認しておきましょう。

若又、村之内へまいり候と申もの、（もしまた、むらのうちへ、まいりそうろうともうすもの、
有レ之候ハ、（これありそうらわば）

第四節　訪問先に引き渡す

は一度出てきました。「庄や方へ持参」の「参」ですね。ここではその下に「着」がありますので「参着（さんちゃく）」です。

「着」は、よく似た字に「差」があります。ちょっと比べてみましょう。

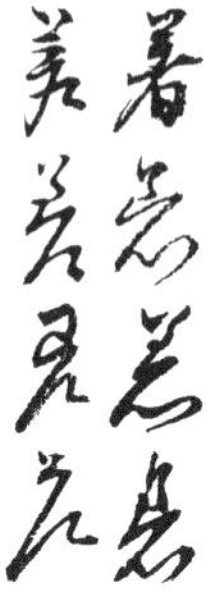

「着」

「差」

これを見ると、それぞれのくずしの下の部分が「右」と「左」のくずしに似ていることに気づきます。「着」は本当は「右」ではなくて、「口」の部分が「目」ですが、ほとんど同じようなくずしになっています。「差」の方は、考えてみると下の部分に「左」のくずしがあっても不思議ではありません。

「着」も「差」も、文書によく出てくる字です。前後の文脈から判断するのがもちろん一番いいのですが、「右」「左」も判別の参考にしてください。
は「之所」です。「所」は「四ケ所」の「所」でした。は「拍子木ヲ」の所で見た、カタカナの「ヲ」です。のは、もう得意ですね。「相」です。「相」の下は何でしょうか。ずいぶん大きく書かれていますが、これで一文字。「尋」です。ここでは、あまりくずれていませんが、のようになっていきます。どのように出てくるのか、他の文書で見てみましょう。

「相尋（あいたずね）」

「御尋向（おたずねむき）」

「本人ヲ尋出し（ほんにんをたずねだし）」

「参着之所ヲ相尋（さんちゃくのところを、あいたずね）」まで読めました。「参着之所」とは〝訪ねていく所〟〝訪問先〟つまり〝目的の場所〟のことでしょう。それが、村内のどこなのかを聞き糺しなさい、というわけです。

次は、までが、ひとまとまり。は「先」と読めそうです。の「へ」も何度か出てきました。真ん中のが読めれば通じますね。これは「様」のくずしです。

「様」のくずしには、いろいろな形が見られます。かなり古文書を読んでいる方でも、とまどうことがあると思います。慣れてくると、〝「様」だ〟と見分けられるようになりますが、初めはそれぞれのくずしに共通性を見つけるのが難しいかもしれません。とにかく、なるべく多くの例にあたるのが得策ですので、いろいろな例を挙げてみましょう。

「様」はのようにくずれます。

そして、文書の中では次のように使われます。

「様子（ようす）」
「左様（さよう）」
「如何様（いかよう）」
「無レ之様（これなきよう）」
「同様（どうよう）」
「直様（すぐさま）」

どうでしょうか。「様」を中心に、くずし字と読みを照らし合わせてみてください。

、「先様へ（さきさまへ）」までいいですね。つまり訪ね相手の〝先方へ〟という意味です。

次ので、また「相」にお目にかかりました。は「渡シ」です。二か条目の「右之帳渡シ」の「渡シ」とほどんど同じですが、「渡」の「さんずい」が先ほどは今度はで書かれています。は、もうおなじみになった「可レ申候」。「相渡シ可レ申候（あいわたしもうすべくそうろう）」と読めました。

〃村内に目的があって来た〃と「胡乱成者」が言った場合には、そこでその人物を放免してしまうのではなく、本当にそうなのかどうか、先方まで連れて行って確かめた上で引き渡しなさい、ということですね。夜の村の治安を慎重に守ることも、夜番の仕事であったことがわかります。

第四節の解読をまとめます。

参着之所ヲ相尋、先様へ相渡シ可レ申候、
（さんちゃくのところをあいたずね、さきさまへ、あいわたしもうすべくそうろう）

第五節　錠鎰・夜番帳を大切に

は「尤」と書かれていて、「もっとも」と読みます。つなぎの言葉として時々出てきますので、真似して書いておいてください。たいていこのくずし方で出てきます。

「錠鎰」は、「かねへん」に注目でしたね。

「夜番帳」も、二か条目の「夜番帳ニ付」の「夜番帳」とほとんど同じくずし方です。今度は「ニ付」ではなくですから「ヲ」です。先ほどの「参着之所ヲ」の「ヲ」です。

「尤、錠鎰・夜番帳ヲ（もっとも、じょうかぎ・よばんちょうを）」と読めました。

次のは何でしょうか。下のは「末」と見えます。その上の字ですが、これは「麁」が書かれています。「麁末ニ」で「そまつに」と読みます。「麁」は、現代の「粗」と同意で、古文書によく使われている字です。「麁末」「麁相」「麁略」などで見られます。他の文書から拾ってみます。

「麁文（そぶん）」

「乍ニ麁末一（そまつながら）」

「麁略（そりゃく）」

「仕」は「つかまつり」でしたね。二か条目の「持参仕」同様です。

その下のがとても大切な表現です。

は「間」です。前に〝「もんがまえ」はひらがなの「つ」のようになる〟とお話しました。その「つ」のようになって上にあがった「もんがまえ」がです。そしてが「日」です。そう見るとが「間」に見えるでしょうか。「間」はのようにくずれます。

次のも、これまた文書で頻出の「敷」です。などとくずれます。

で「間敷」。その下は「候（そうろう）」で止まっていますので、で「間敷候（まじくそうろう）」と読み〝禁止・否定〟を表します。

この場合は「麁末ニ仕間敷候（そまつにつかまつるまじくそうろう）」ですから〝そまつに扱っ

てはいけない〃となります。何をでしょうか。二つの物ですね。「錠鎰」と「夜番帳」です。この二つは、夜の村を危険や災害から守る大切な物です。二か条目には、「錠鎰」の管理と保管、「夜番帳」への記帳と引継ぎをおろそかにしてはいけないとありました。そして、ここでは、それらをなくしたり破損したりしないように大事に扱うことが義務づけられています。

「間」「敷」はよく出てくる字ですので、ここでくわしく見ておきましょう。

まず、「間」が文書内でどのように使われているかです。

「間違（まちがい）」

「御用間ニ合不レ申候間（ごよう、まにあいもうさずそうろうあいだ）」

「申間鋪（もうすまじく）」

「御坐候間（ござそうろうあいだ）」

「ま」「あいだ」と読み、多用されています。

「敷」とほとんど同じ使われ方をする字に「鋪」があります。たとえば、「まじく」も「間敷」だけでなく「間鋪」という書き方が文書の中によく出てきます。比べながら例を挙げてみましょう。「鋪」は「錠鎰」と同じ「かねへん」の字でのようにくずれます。

「間敷（まじく）」
「宜敷（よろしく）」
「六ケ敷（むつかしく）」
「屋敷（やしき）」

「間鋪（まじく）」
「宜鋪（よろしく）」
「六ケ鋪（むつかしく）」
「屋鋪（やしき）」

さて、本文にもどります。
は「以上」。「以」がくずれると、ひらがなの「い」になっていくことがわかるくずれ方ですね。

では、第五節の解読をまとめます。

尤、錠鎰・夜番帳ヲ麁末ニ（もっとも、じょうかぎ・よばんちょうを、そまつに
仕間敷候、以上、つかまつるまじくそうろう、いじょう）

第六節　村中の総意

さて、三か条目の最後の部分です。

ここは、文書全体を締めくくる部分でもあります。

村は木「きへん」に寸「寸」で「村」。中は「中」。村中で「村中（むらじゅう）」です。「これらのことを、村の百姓一同で合意した」「この取り決めは、村の皆の総意である」という意味です。「惣村中」「惣百姓中」などと書かれている場合がありますが、それと同義と考えられます。

未二月二日は、表紙の未二月二日「未二月二日」に対応します。正徳五（一七一五）年が未年で、その二月二日に書かれたのでしたね。

暮れ六つには暗くなってしまいますので、江戸時代の旅人は、それまでに宿に着くか目的地に着くようにしていました。各地にある関所で通行が許されるのも、明け六つから暮れ六つの間でした。同様に、大里の門も暮れ六つに閉められたことがわかりました。大里を貫通する奈良街道は、昼間の人通りが多かったと思われます。暮れ六つの閉門後にも、京都や奈良に向かう飛脚が急用で通行することなどもあったでしょう。「胡乱成者」や「村之内へまいり候と申もの」が、訪ねてくることもあったと思われます。

大里環濠集落の南、奈良側の「中ノ門口」に詰めた南組の夜番たちは、それらを吟味して村の治安を守ったわけです。そして、二時間おきに防火と防犯のために拍子木を打ちながら回り、各箇所にある門の異常の有無も点検しました。そうすることが、大里に住む村人たちの総意の取り決めでした。

第六節のまとめです。

未二月二日　村中（むらじゅう）（ひつじ、にがつふつか）

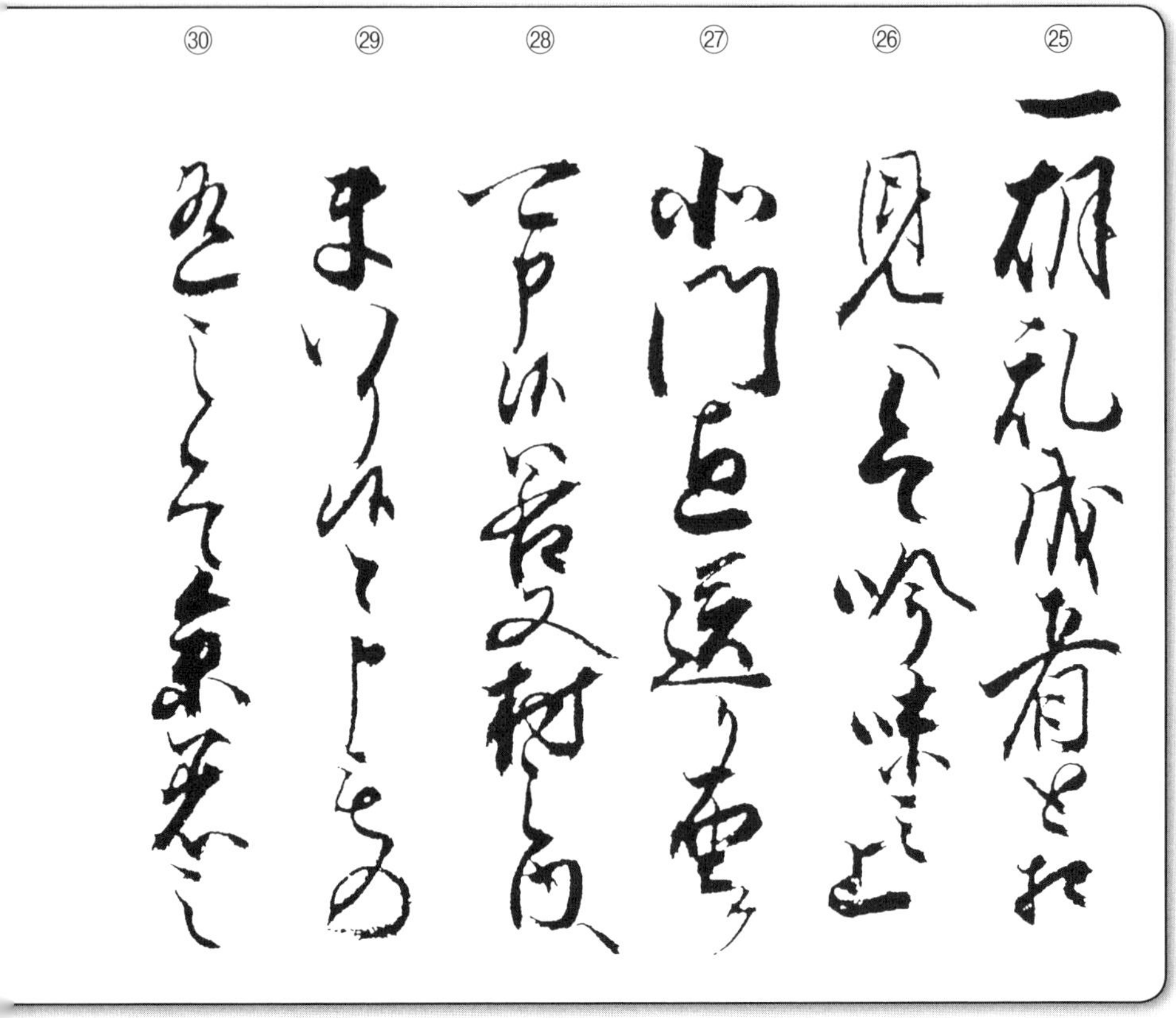

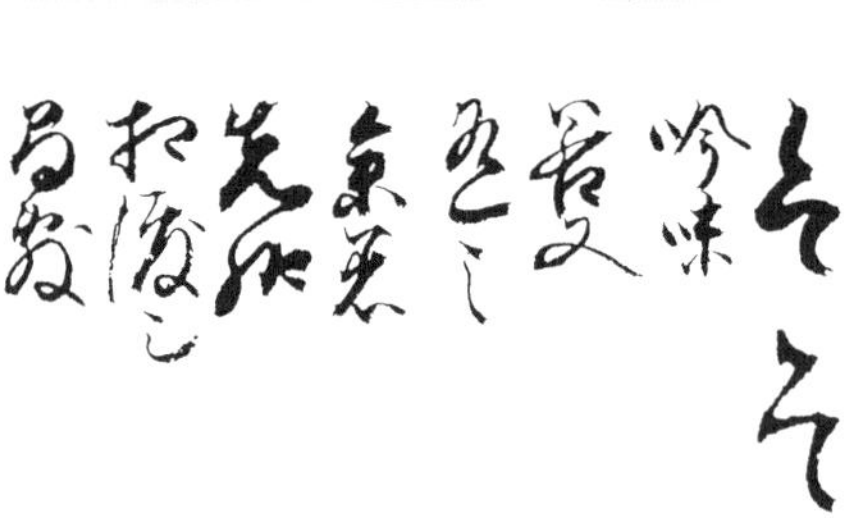

「候ハ、」(㉖㉚)
「吟味」(㉖)
「若又」(㉘)
「有レ之」(㉚)
「参着」(㉚)
「先様」(㉛)
「相渡シ」(㉜)
「間敷」(㉞)

これらのくずし字や表現は、古文書によく出てきますので、特に注目しておいてください。

三か条目の全文を声に出して読むこともお忘れなく。「ひとつ、うろんなるものと……」古文書のリズムが身についてきた、という実感があるのではないでしょうか。

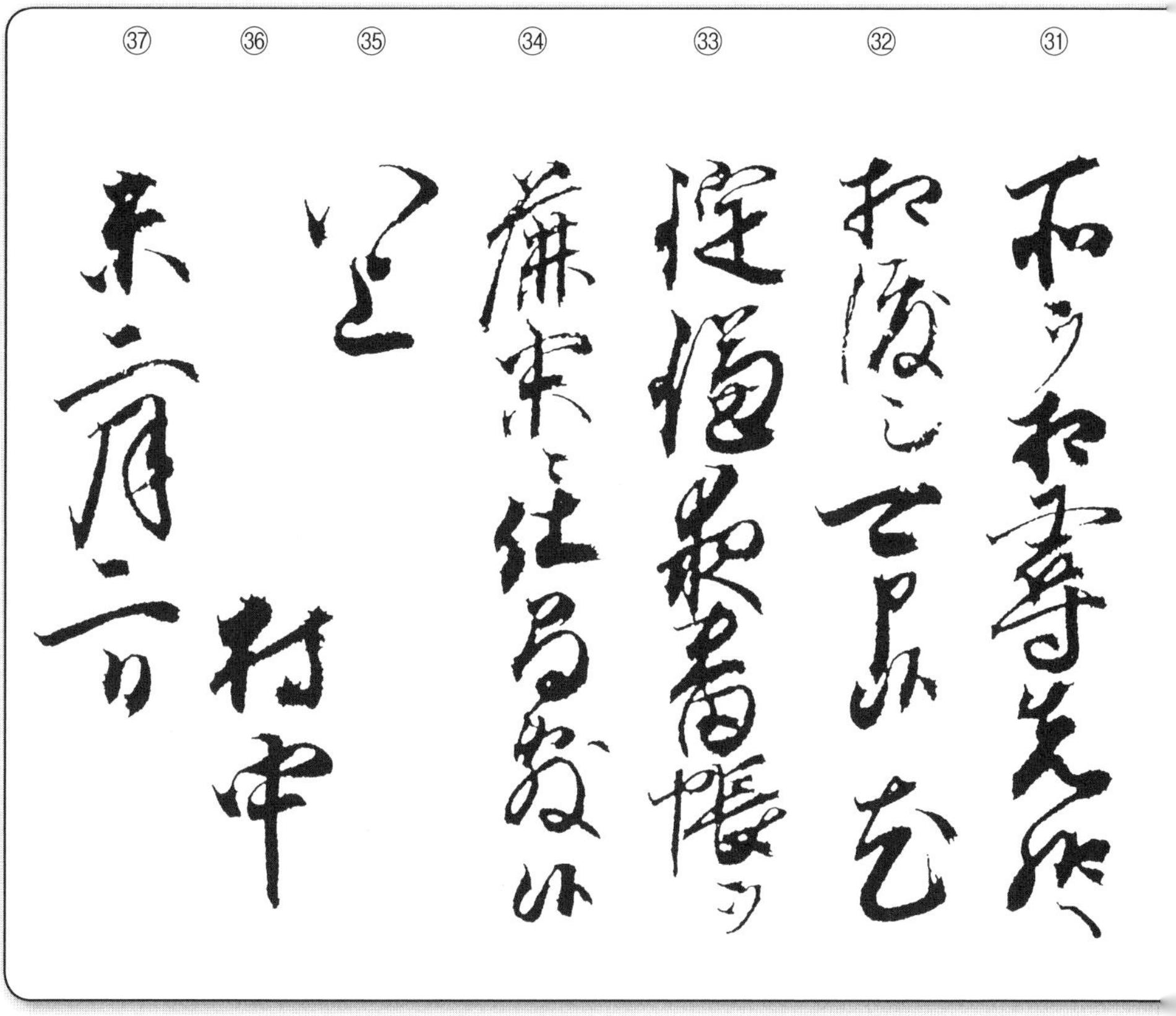

解読文

一、胡乱成者と相
見へ候ハヽ、吟味之上
北門迄送り届ケ
可レ申候、若又村之内へ
まいり候と申もの
有レ之候ハヽ、参着之
所ヲ相尋、先様へ
相渡シ可レ申候、尤
錠鎰・夜番帳ヲ
麁末ニ仕間敷候、
以上、

村中

未二月二日

ちょっと一服（『大和名所図会』より）

第五章 夜番の名前を読んでみよう

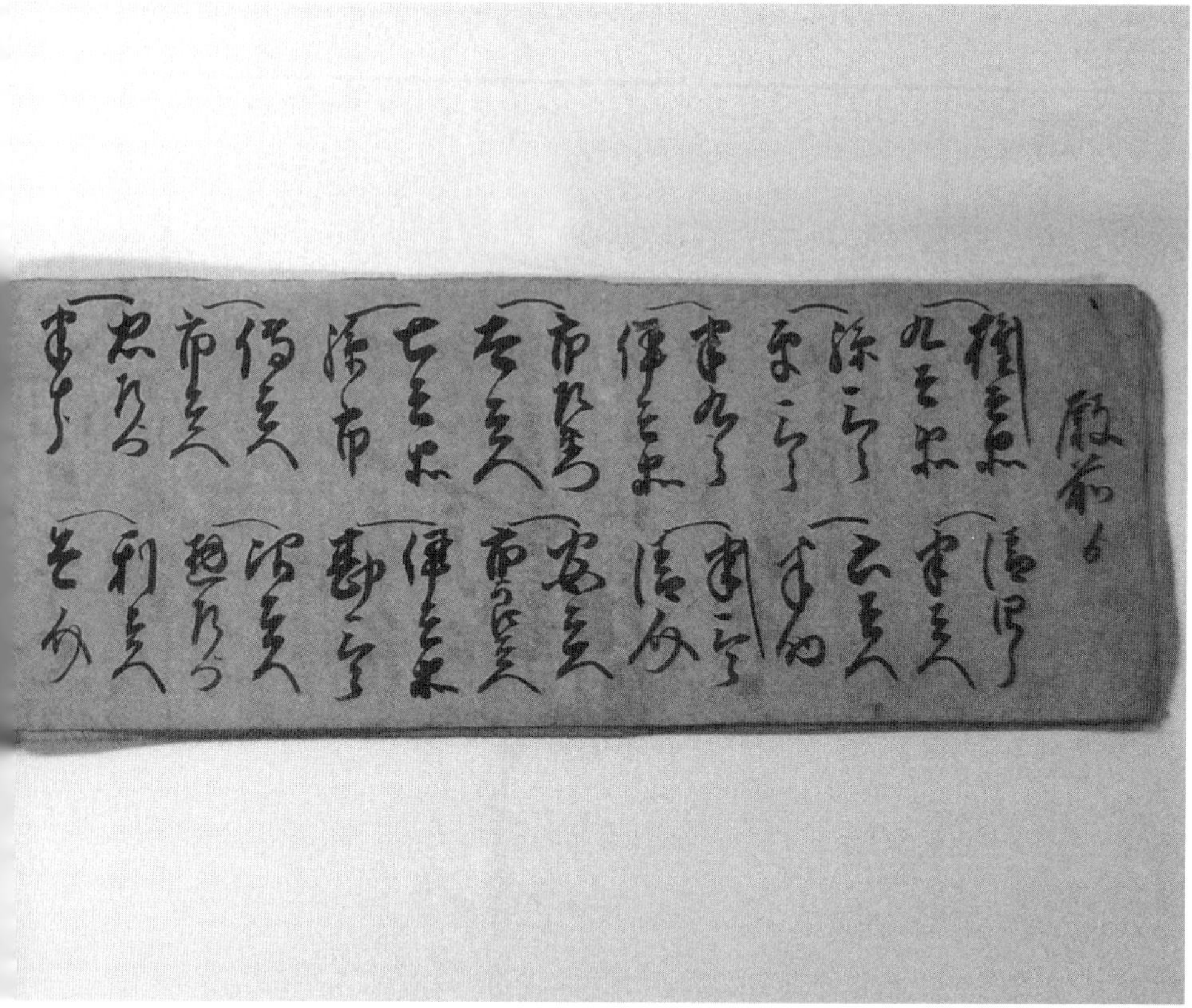

『南組夜番帳』の「村中、未二月二日」のページを繰ると、次の見開きは上の写真です。

書かれているのは、何でしょうか。人名のようですね。

・このぐらいなら、すぐ読める。

という方と

・わあ、何が書いてあるのか、さっぱりわからない。

という方の、両方がいらっしゃると思います。

だいじょうぶです。今、これが文字にはとても見えないと思われる方も、ご一緒に読んでいくうちに、すぐ読めるようになります。

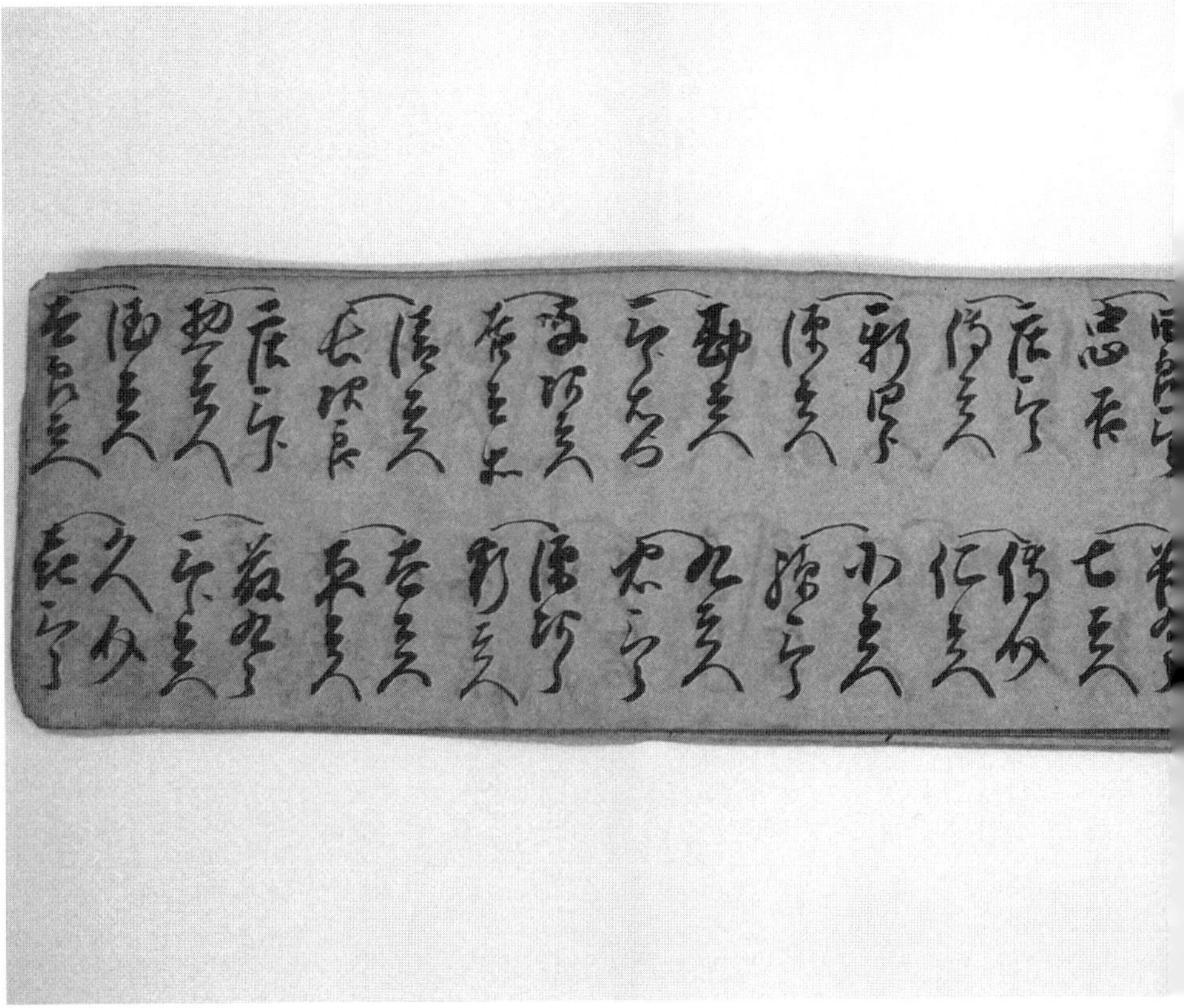

ところで、何のための人名でしょうか。名前と名前の上が〝橋渡し〟されて二人ずつ組になっているところからみて、南組の夜番のペアだとわかります。だれとだれが組んで夜番をする、その次はだれとだれ、というように、次々に書き出したもののようです。

宗門帳・年貢関係の帳面などの村や町の文書に限らず、商家の文書でも武家の文書でも、人名は必ず出てきます。ここで、これだけの人名を読めるようしておけば、これからどんな人名が出てきてもかなり応用が利くと思います。

第一節　殿前ゟ

最初のペアの前に、まず殿前ゟと書かれてあります。

殿前は「殿前（とのまえ）」。七九頁の殿前で見ましたが、それより読みやすいくずしです。「殿前」は、八五頁の村絵図（八六頁の図）で「殿之前」と書かれている大里内の地域の一つです。

ゟは「より」と読みます。「よ」と「り」のくずしが一つになったもので、合字と言われるものです。〝どこどこより〟あるいは〝いついつより〟という時にゟが書かれていることが近世文書では多いです。

ゟがどのように使われているか、他の文書から拾ってみましょう。

「当村ゟ（とうそんより）」

「村役人ゟ（むらやくにんより）」

「脇方ゟ露顕（わきかたよりろけん）」

「前々ゟ（まえまえより）」

「去冬ゟ（さるふゆより）」

奉公先に提出する奉公人請状にも、「当亥十二月ゟ来子十二月迄」などと奉公期間が書かれています。

ここでは「殿前ゟ（とのまえより）」とありますから、正徳五（一七一五）年時点での殿前の住人の名前から書き上げられていることになります。

一三四・一三五頁の写真の次も、さらに同様の形式で見開き二ページの名前が続いています。合計すると、五十八組・百十六人分です。これは、殿前・小中小路・野日代・磯垣内の住民の中で、「中ノ門口」に詰める役割になっていた人たちの名前と思われます（一八七・一八八頁参照）。

次の節から、一人一人読んでいきましょう。

第二節「兵衛」を読む

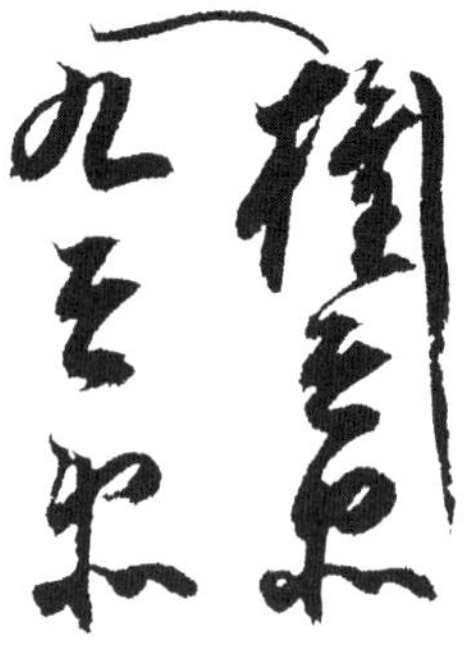

いよいよ、最初のペアから読んでいきましょう。

は「きへん」に「隺」で「権」です。

次のは、何が何でも覚えてしまいたい表現です。

まずが「兵」です。「兵」はくずれていくと、このように〝三本の横棒〟のようになってしまいます。あるいは〝ひらがなの「そ」に似た形〟と言ってもいいかもしれません。よく出てくる形ですので、この「兵」をよくにらんで、指でなぞってみてください。

は「衛」のくずしです。「衛」は、これ以外にもなどとくずれます。

「兵」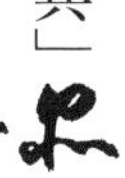「衛」ですからで「兵衛（べえ）」。
は「権兵衛（ごんべえ）」さんということになります。
「権兵衛（ごんべえ）」さんと組むのはだれでしょうか。

そうです。「九兵衛（きゅうべえ）」さんですね。
「権兵衛」さんの「兵衛」より、少しゆったり長く書かれていますが、も「兵衛」です。は「九」と読めますのでは「九兵衛」です。
つまり、〝これで「兵衛」パターンの名前が読めるようになった〟というわけです。

もちろん「兵衛」のくずしはこれだけではありません。「兵」にも「衛」にも、他のくずし方があるからです。これから、いろいろな「兵衛」に出会うことと思いますので、少しずつ慣れていくことにしましょう。そのたびに、真似してなぞって書いてみてください。そのうちに、どの「兵衛」もご自分の知識や体験の中で統一されて、大きな括りの「兵衛」として、すっと読めるようになっていきます。

ところで、権兵衛さんの名前の脇にある縦棒は何でしょうか。これは、落書きでも汚れでもなく、何らかの意図と目的があって付けられた印です。村絵図の裏書や関連文書から、権兵衛さんが大里内の庄屋の一人であったことがわかります。夜番の取り決めに何らかの責任を持つ人物たちを表す印だと思われます。

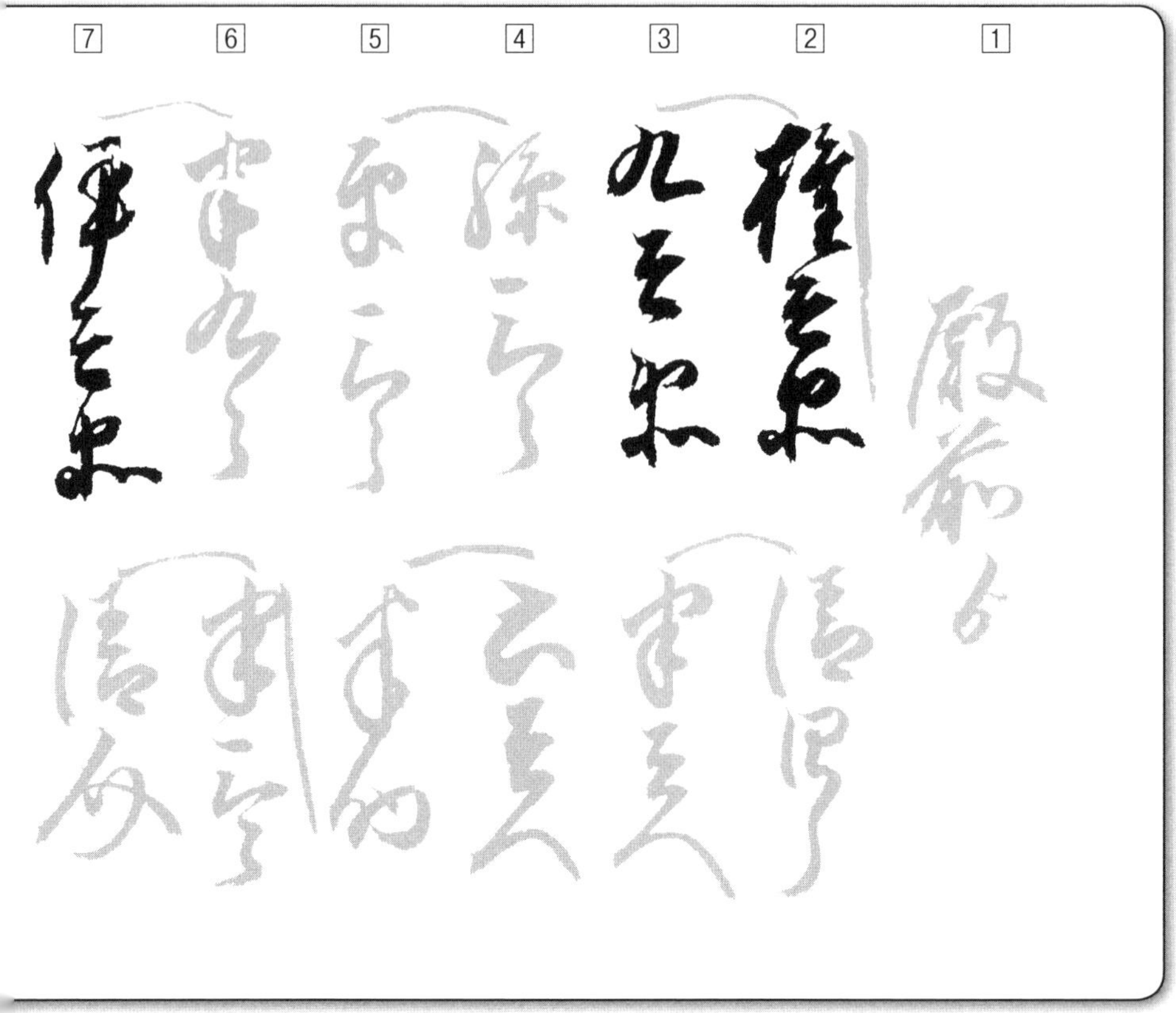

最初は権兵衛さんと九兵衛さんの組でした。どちらも「兵衛」が付く名前です。

この「兵衛」パターンの名前が他にないか、さがしてみましょう。

・7行目上段の
・10行目上段の
・10行目下段の

これらは「兵衛」のつく名前だ、とすぐ見分けられます。

は「にんべん」に「尹」ですから「伊」。は

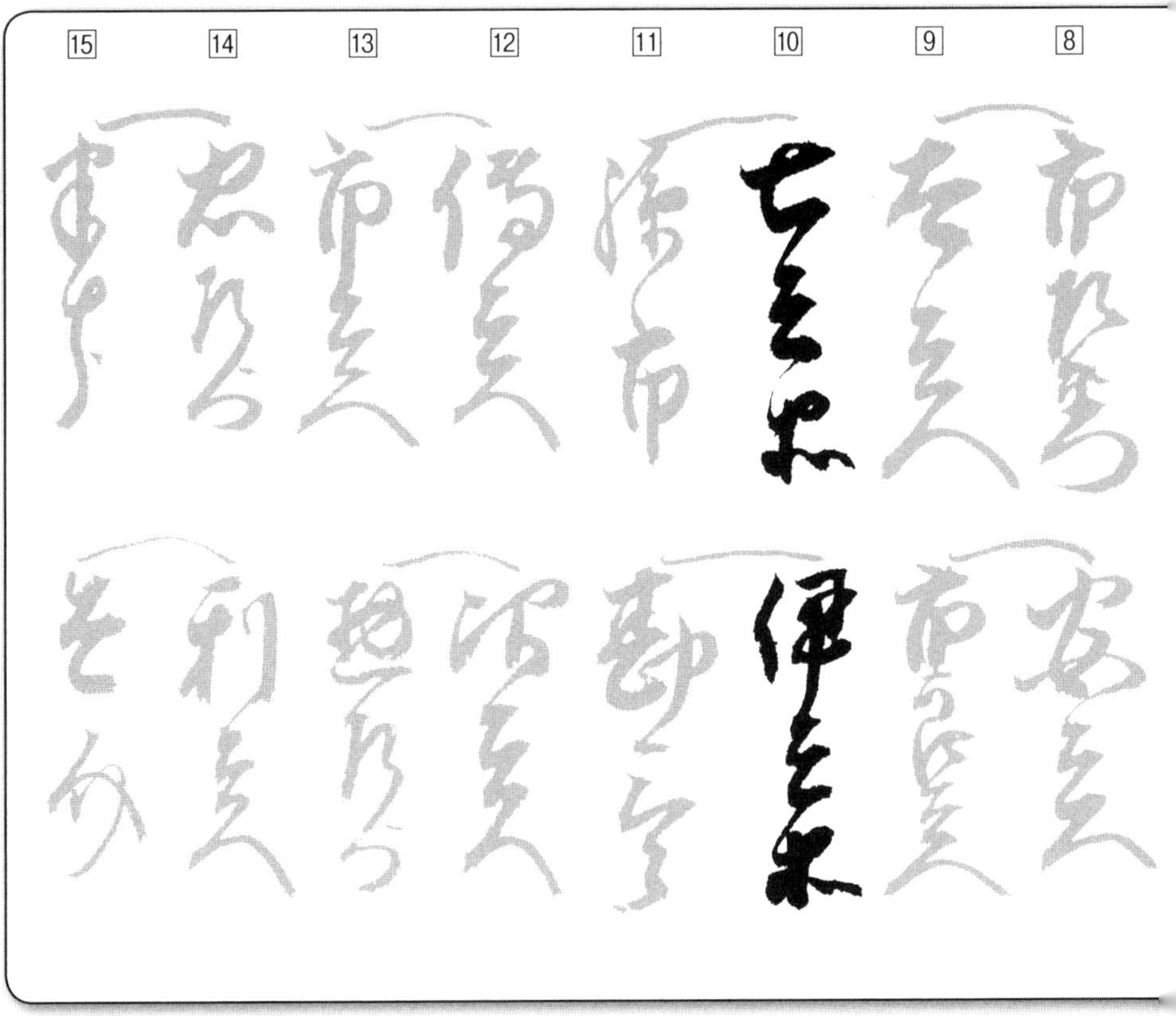

「伊兵衛（いへえ）」さんですね。は「七」と見えますから、は「七兵衛（しちべえ）」さんでしょう。その下の段のも「伊兵衛」さんですね。「兵衛」が読めることで古文書の世界が広がりました。

「兵衛」の上に付く「権」「九」「伊」「七」などの字にも注目しておいてください。

たとえば「伊」は「伊右衛門」「伊左衛門」「伊助」などでも見られます。

第三節「郎」を読む

では、二組目です。

今度のは、「兵衛」ではなさそうです。上から読んでいきましょう。

まずは「さんずい」に「青」で「清」。は「四」です。夜番が拍子木を打って回る時刻「四ツ」の「四」と、ほぼ同じです。が、本節のテーマ「郎」です。〝この、ひょろっとしたのだけで「郎」とは〟と驚かれるでしょうが、このくずしは「郎」のくずしとしてよく出てくるものです。これに点が付

いたですともう少し見分けやすいのですが、点がないいもよく書かれています。つまりは「清四郎（せいしろう）」ということになります。これで、「郎」パターンの名前が読めます。あとで、全体の中で見てみましょう。

清四郎さんと組むのはだれでしょうか。は「半」です。現在と筆順が違うので、下の方が丸まるのですね。私たちは、横棒二本を引いてから最後に縦棒を引きます。くずし字では縦棒を引いてから横棒の場合が多く、「半」の下の方はこのように左側が丸まります。「半」に限らず、「平」「早」などでも同様です。

のは「兵」でした。「権兵衛」「九兵衛」の「兵」です。は「へ」と書かれています。で「兵へ」、つまり「兵衛」と書かれているのと同義です。を「兵衛」と書いてしまってもかまいませんが、本書では、を「兵衛」を「兵へ」として、区別することにします。

二組目は「清四郎（せいしろう）」さんと「半兵へ（はんべえ）」さんで夜回りすることがわかりました。

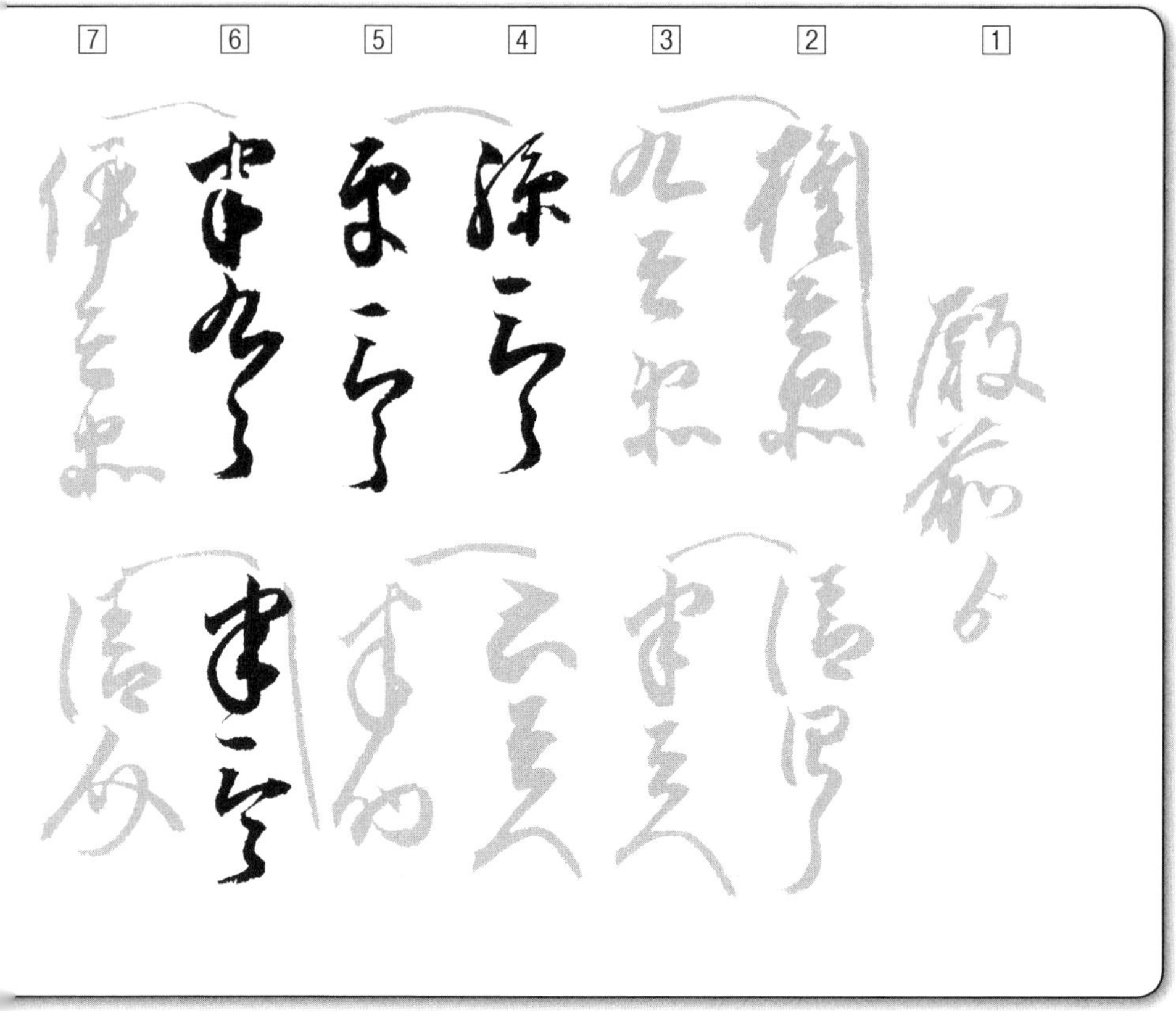

「清四郎」でマスターした「郎」をさがしてみましょう。

・4行目上段の
・5行目上段の
・6行目上段の
・6行目下段の
・11行目下段の
・15行目上段の

これらには、すべて「郎」が書かれています。初めはそれぞれ少しずつ違って見えるかもしれませんが、こんな形にくずされていたら「郎」だと思ってください。

この六か所の中で、四か所はですので「三郎」です。「何々

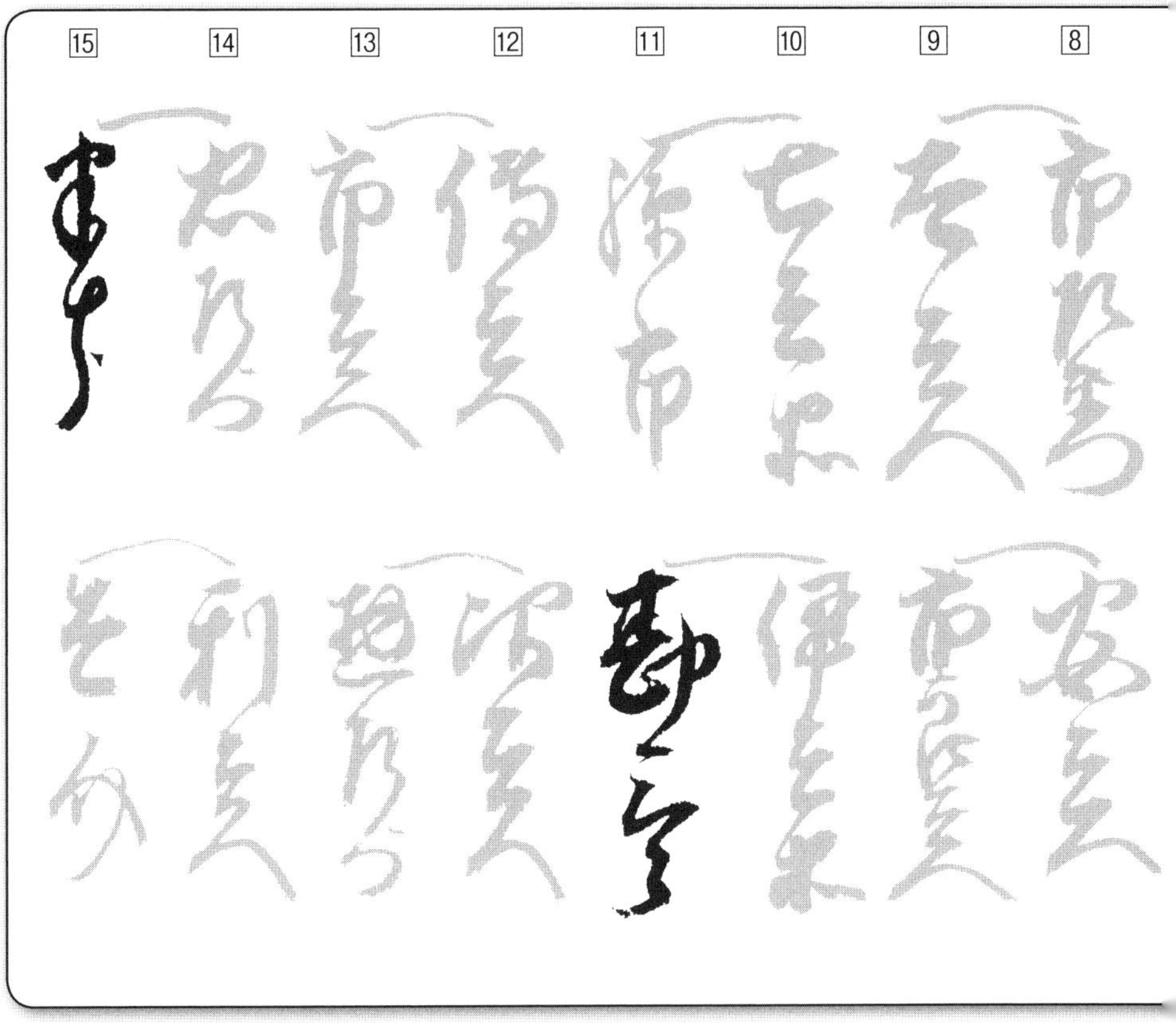

三郎」という名前ですから「何々」によって「三郎」は「さぶろう」と読んだり「ざぶろう」と読んだりしたのでしょう。

は「九郎」ですね。「九」は、一組目の「九兵衛」の「九」です。

は「十郎」と書かれています。が「十」でが「郎」。ここには点がある「郎」が書かれています。

それぞれの名前を、その箇所にいった時に読むのを楽しみに、ここでは「郎」に注目して真似して書いておいてください。

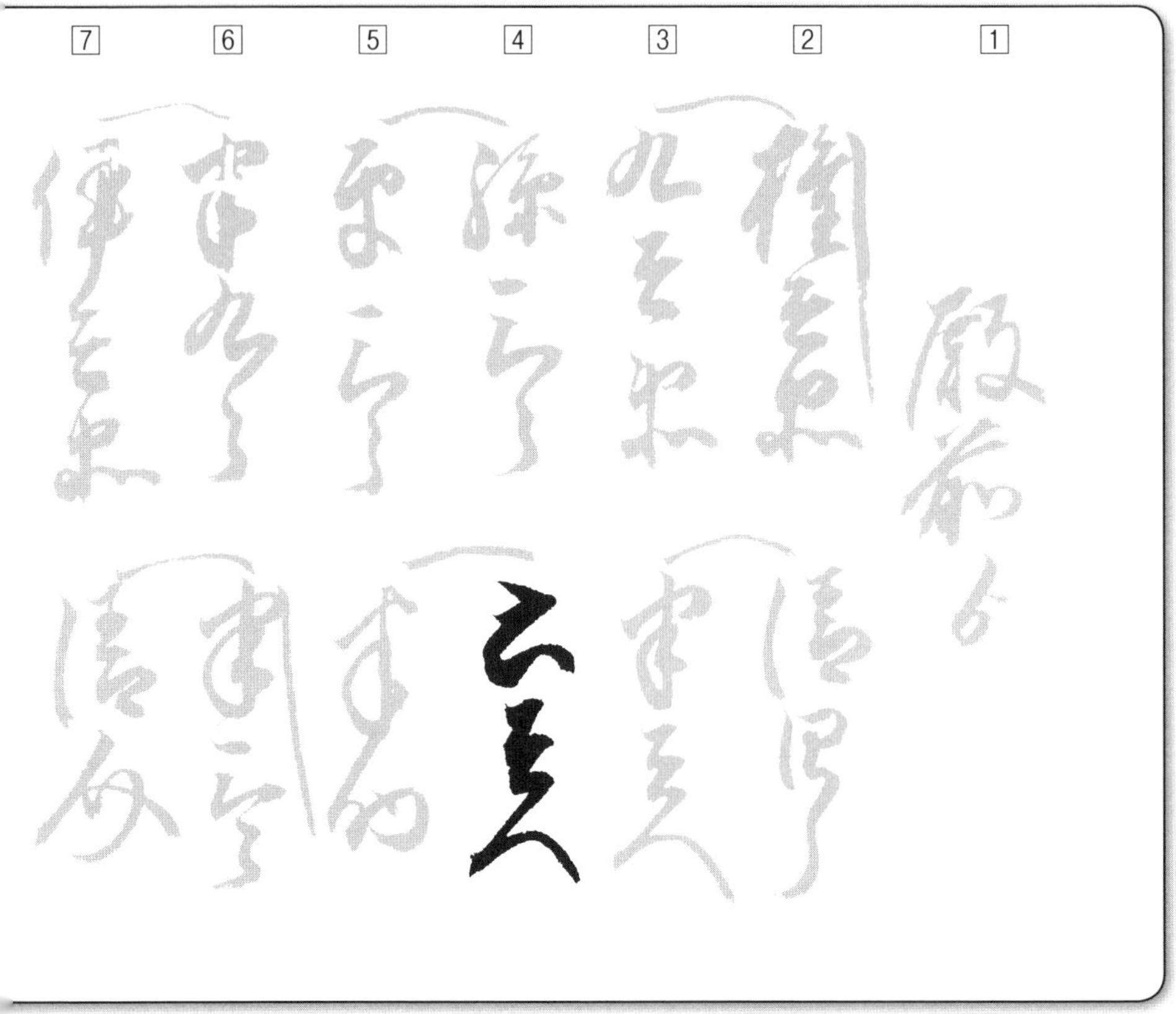

今度は「半兵へ」のをさがして〝「兵へ」は読めるようになった〟と自信を持てるようにしてしまいましょう。

- 4行目下段の
- 8行目下段の
- 9行目上段の
- 9行目下段の
- 12行目上段の
- 12行目下段の
- 13行目上段の
- 14行目下段の

なんと、こんなにたくさんの「兵へ」がありました。これらはほとんど同じくずしに見えます。

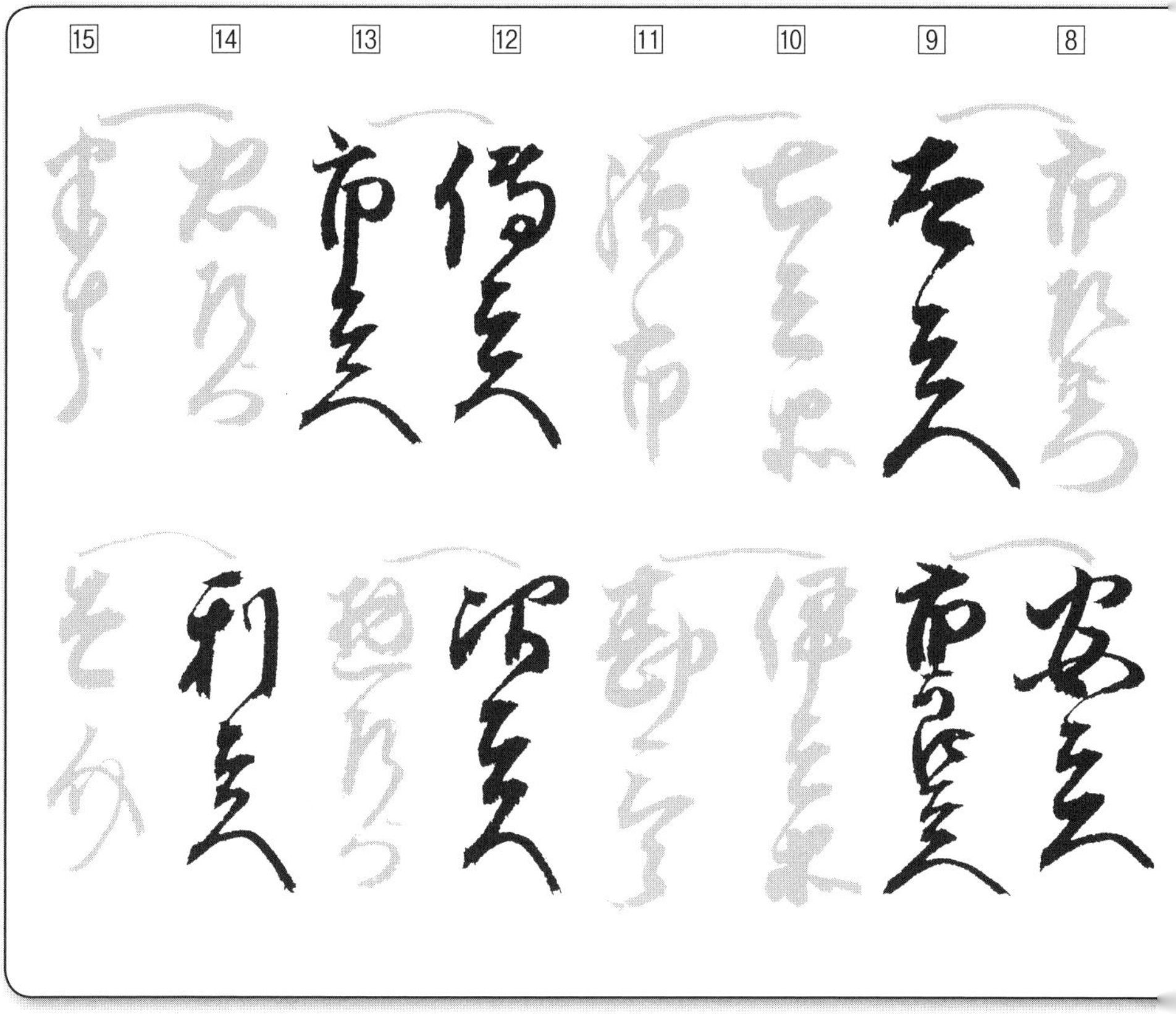

「兵衛」と「兵へ」。どちらも声に出して言うと「べえ」です。

　二組目の「半兵へ」さんは、他の文書では「半兵衛」と書かれることもあったでしょう。たまたまここではこう書かれた、と考えられます。「権兵衛」さんが「権兵へ」と書かれることもあったでしょう。音（おん）が合えばいろいろな書き方・表現をしているというお話をしましたが（九二頁）、固有名詞の時でさえそうなのです。

　ただ、殿前の「ごんべえ」「はんべえ」と言えば、誰を指しているかは、集落のみんながわかっていたのでしょう。

第四節　「助」を読む

今までに「兵衛」「郎」「兵へ」を見てきました。その経験を生かすと、三組目と四組目の四人の名前はほとんど読めてしまいそうです。

三組目の二人のは、一四四頁でお話したように「三郎」です。は「子」に「系」で「孫」ですからは「孫三郎（まごさぶろう）」となります。

は「平」です。「半」のところでお話した「平」が出てきました。縦棒を引いてから横棒を引いているので、下の左側が丸まっているのでしたね。で「平三郎（へ

いざぶろう）」と呼ばれていたのでしょう。
「孫三郎」さんと「平三郎」さんの組だとわかりました。

四組目に進みましょう。
は、そうですね、「六兵へ（ろくべえ）」です。
相手ののは、どこかで見ました。「半兵へ」の「半」ですね。
は「助」です。は「半助（はんすけ）」ということになります。
四組目は「六兵へ」さんと「半助」さんの組でした。

「助」パターンの人名に出会った時、この「半助」を思い出してください。
また、「助」は人名だけでなく、いろいろな場面で使われる字ですので、他の文書から拾ってみましょう。

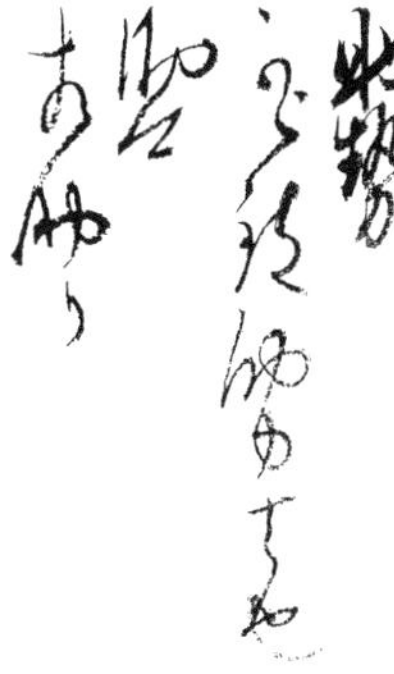

「助勢（じょせい）」
「可レ被レ致ニ助力一者也（じょりょくいたさるべきものなり）」
「助郷（すけごう）」
「相助り（あいたすかり）」

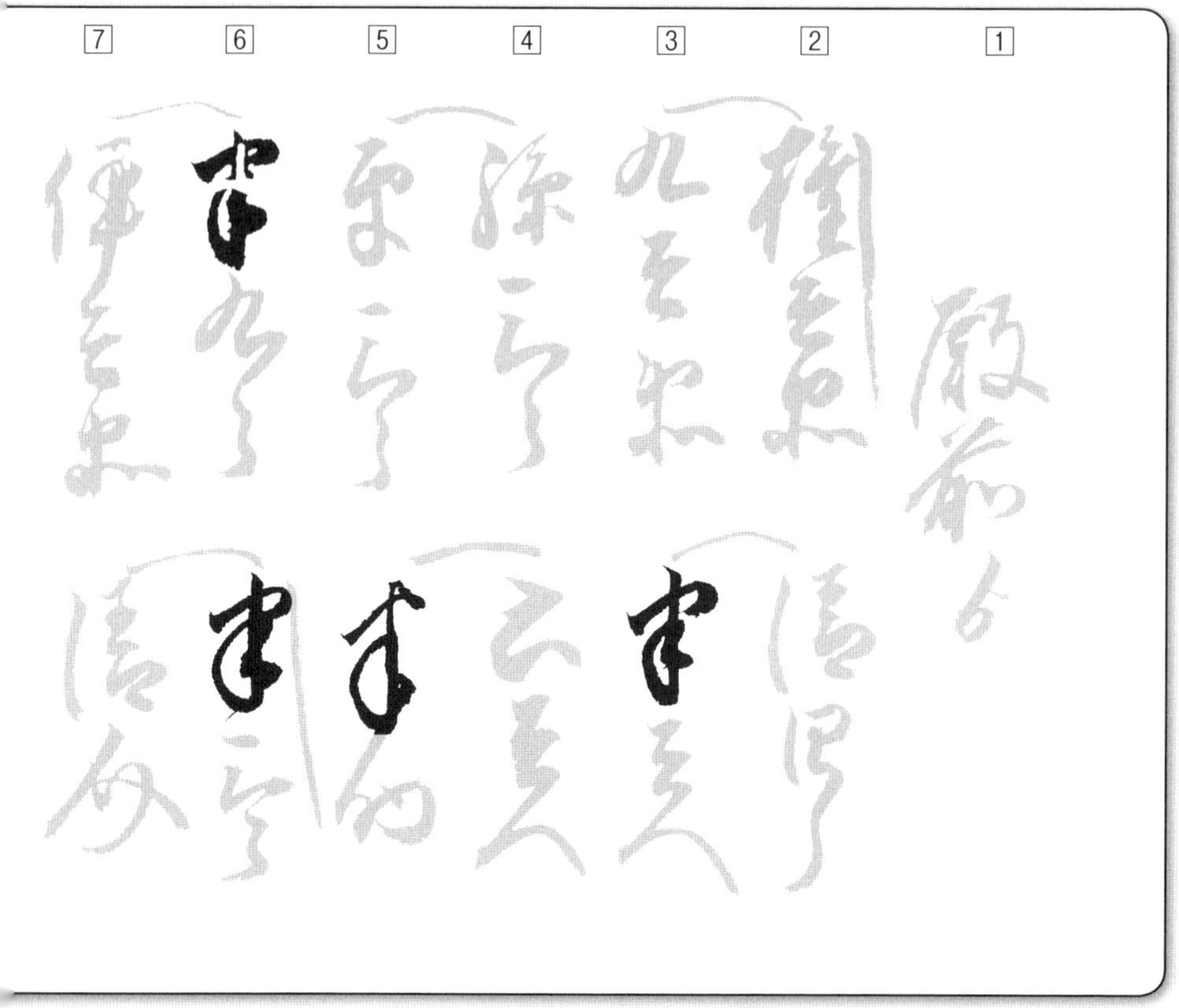

名前にも少しずつ慣れていらしたことと思います。

権兵衛さんの顔、九兵衛さんの姿が浮かんできますか。平三郎さんが拍子木を打って回っている様子も見えそうです。孫三郎さんは、番屋に詰めていますか。

今まで名前の下にある「兵衛」「郎」「兵へ」「助」に注目して全体を見てきました。

さらに、名前の上の部分にも注目してみましょう。ここにも共通の字が使われていることに気づきます。

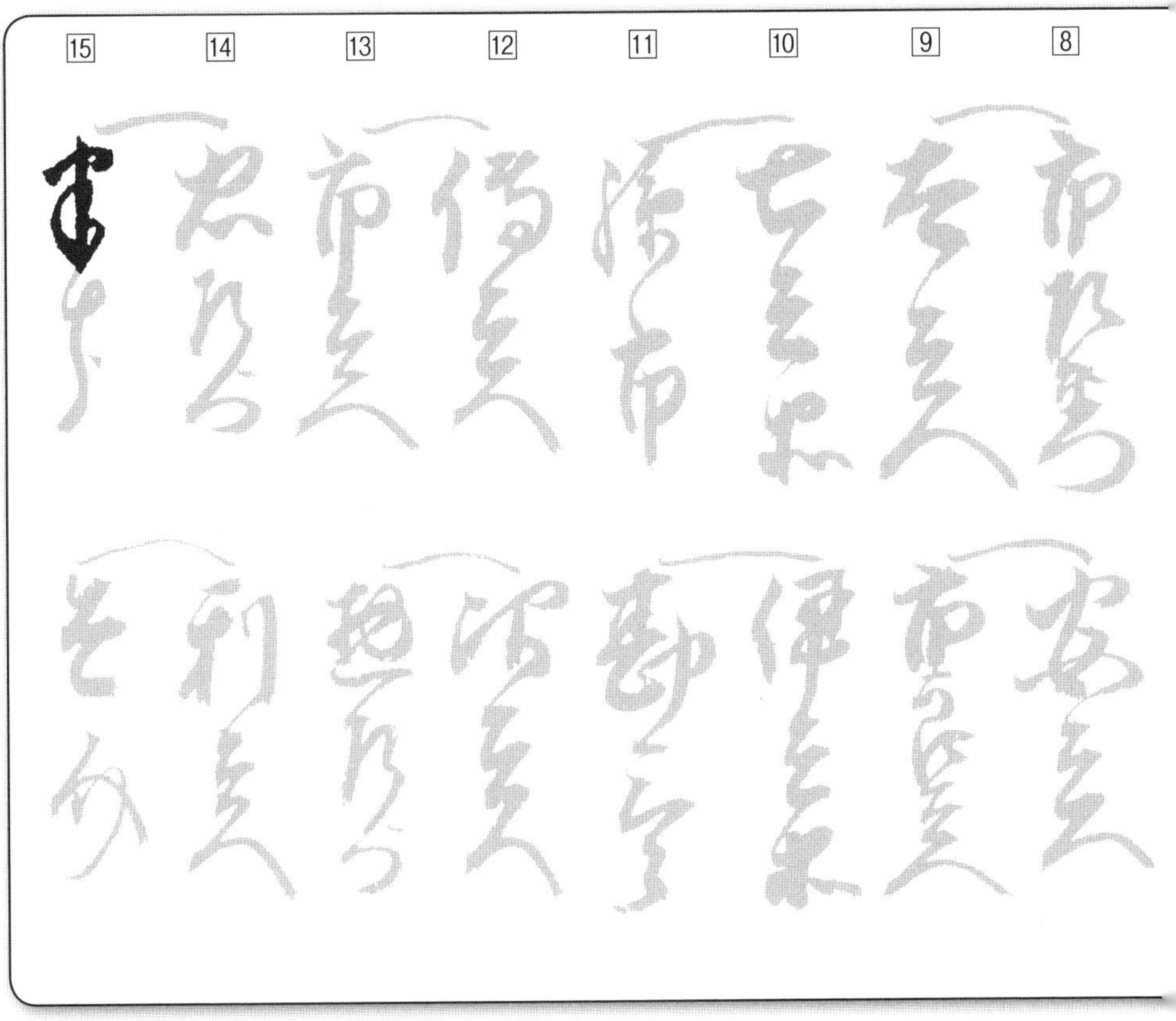

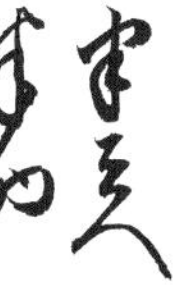
「半兵へ」
「半助」

夜番の名前に見られる「半」をさがしてみましょう。

・3行目下段の
・5行目下段の
・6行目上段の
・6行目下段の
・15行目上段の

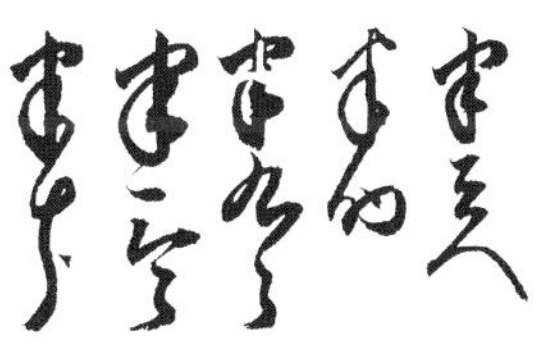

「半」のくずしがしっかり自分のものになってしまうように、それぞれのくずし字の上を指でなぞってみてください。

第五節　「介」を読む

この四人についても、もう、ほとんど読めそうです。

は「郎」がつく名前ですね。は、先ほど見た「半」。は「九郎」ですから「半九郎（はんくろう）」。のは「兵衛」でした。は一四〇頁で読んだように「伊」。「伊兵衛（いへえ）」ですね。

五組目は、「半九郎」さんと「伊兵衛」さんの組でした。

「半九郎」が読めたら「半三郎（はんざぶろう）」は、無理なく自然に読めてしまいます。
だけが、ここでは新しいパターンです。は「介」。「介（すけ）」のつく名前が出てきてくれました。〈助ける〉の「助（すけ）」だけでなく、この「介（すけ）」もあります。
は「清四郎」の「清」ですからは「清介（せいすけ）」。「半三郎」さんと「清介」さんが、夜回りの六組目でした。

文書全体の中で共通の文字をさがして「なるほど」と覚えていく

⇅

個々の人名を、順々に読みながら確認していく

この作業を繰り返しながら、一つ一つの文字も目に慣れ、名前全体としても印象に残っていく、そして他の名前にも応用が利く、ということを目指しています。だんだん手応えを感じてくださっているでしょうか。

第六節「左衛門」を読む

本節では、それぞれの名前の中で新たな字との出会いを楽しみましょう。

まずからです。

は「市」。は九九頁でお話したように「エ」の部分がかなり大きく右上がりに書かれていますから「左」。ですがは「門」です。「中門」や「翌朝門共明」のところで見た「門」で、ひらがなの「つ」のようになりますとお話しました。間のが「衛」。

つまり、
「兵衛」のくずしで見た
「衛門」のくずしで今出てきた
この両方ともが「衛」だ、ということになります。
もちろん、「兵衛」の時に、「衛門」の時にのくずしが書かれていることもあります。両方のくずし方をよく見ておいてください。

は「市左衛門（いちざえもん）」とわかりました。
そうなのです。が「左衛門」。ここでは「左衛門」のパターンの名前にお目にかかれました。「左衛門」は、もっとくずれていくとどんな形になるか、後で出てきますので楽しみにしていてください。

は何と書かれているのでしょう。
「兵へ」であることは、確かですね。
が意外と難しいのです。「左」のように見え「右」のようにも見え、でもちょっと変な感じ……、と思われたのではないでしょうか。

は「太」です。

「大」に━「丶」で「太」。この━「丶」〈点〉の部分がミソです。この墨太の点が書かれていることで「太」と見分けてください。

は「太兵へ（たへえ）」と書かれているのでした。

七組目は、「市左衛門」さんと「太兵へ」さんだとわかりました。

「太」はと、くずれます。やはり、ぐっと押さえが利いた〈点〉が目安になりそうですね。また「太」は、私たちが現在「大」を使う場面でも使われていることがあるということを知っておくと、文書を理解しやすくなります。

「太義（たいぎ）」

「太切（たいせつ）」

「広太（こうだい）」

「莫太之御物入（ばくだいのおものいり）」

「翌朝門共明」の「明」のところでもお話しましたが（九一頁）、現在の私たちから見たら当て字に思えるようないろいろな表現をしているのが、古文書の世界です。「太」と「大」に限らず、「少」と「小」、「悲」と「非」なども同義に使われています。

先に進みましょう。

は〝だいじょうぶ、読めました〟という声が聞こえてきそうです。

は「うかんむり」に「女」で「安」。は「兵へ」ですからは「安兵へ（やすべえ）」。この「安」は、ひらがなの「あ」になっていくのがわかるようなくずれ方ですね。

相手のは読めそうですか。

は「市」。先ほどの「市左衛門」の「市」ですね。は「郎」です。ということは、「清四郎」などの「郎」と同じ字なのです。もよく出てくるくずしですし、そこまでくずれていないの「郎」もよく出てきます。

の部分は随分ぎゅっと縮んでいますが「兵へ」が書かれています（一四六頁）。が「兵」、が「へ」です。その上の二文字を大きく書いてしまったので、狭いスペースに「兵へ」を押し込んで何とか書いてしまったようです。隣の「安兵へ」の「兵へ」と比べてみるとわかりますね。

「市郎兵へ」は、おそらく「いちろうべえ」さんではなく「いちろべえ」さんと呼ばれていたのではないかと思われます。

「安兵へ」さんと「市郎兵へ」さんが八組目の夜番でした。

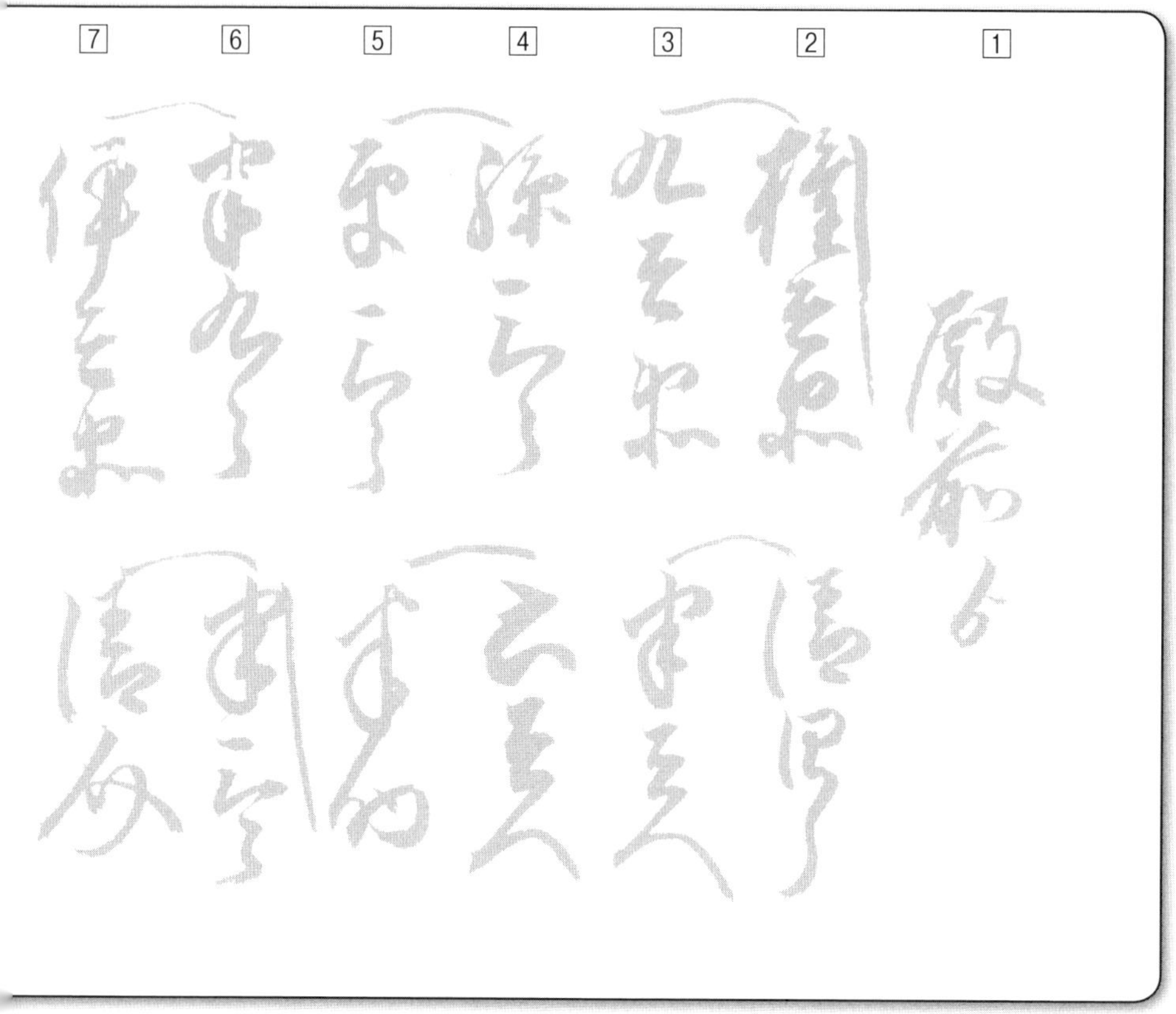

ここで、「左衛門」をマスターしておきましょう。

「左衛門」「右衛門」は武士とは限らず、このように農民にもまた商人にも見られる名前です。

8行目に、先ほど見た「市左衛門」があります。この「左衛門」はでした。

これとは少し違うくずし方ですが「左衛門」があと二人います。

・13行目下段の 

・14行目上段の 

つまり  を「左衛門」と読みます。〝どうしてこれが〟とびっくりされるかもしれません。

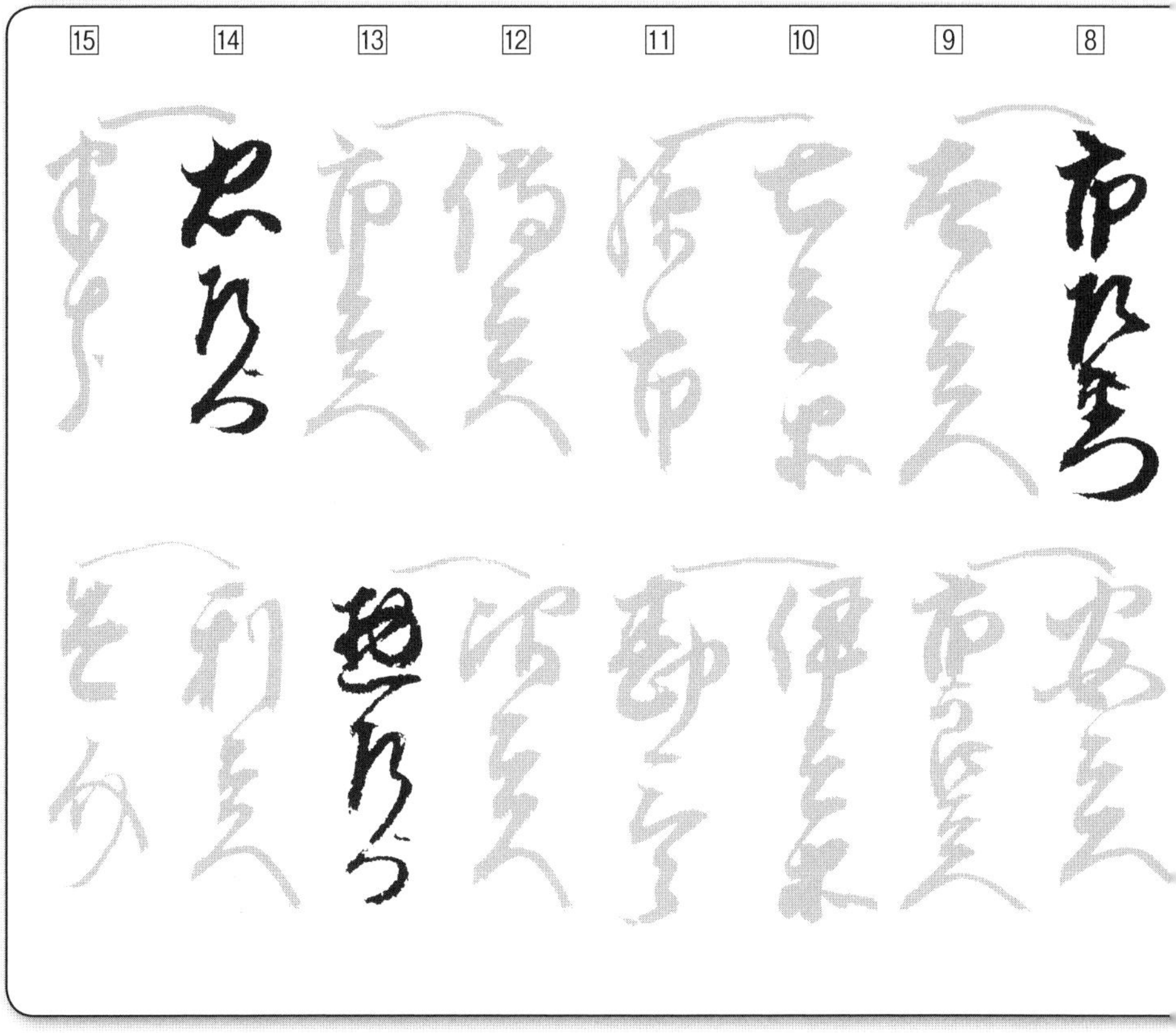

が「左」が「門」としても〝「衛」はどこに行ってしまったのだ〟という感じですね。

「左」から「門」につながる筆の流れと、後から打った点（横棒）のあたりに「衛」が書かれていると見るしかありません。ほとんど記号化されたような「衛門」です。これも非常によく出てくる形ですので、しっかり見ておいてください。

他の文書に見られる「左衛門」も挙げておきます。

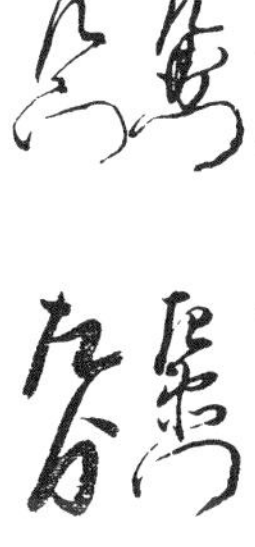

第七節　『人名頭　天』

かなりの人名が読めるようになってきました。この四人はどうでしょうか。

は「七兵衛（しちべえ）」。一組目の「九兵衛」、四組目の「六兵へ」同様に、名前の頭に数字がつく名前です。「七兵衛」さんの他にも、「七右衛門」さんや「七左衛門」さん、などといった名前が見られます。

「七兵衛」さんと組むは「孫市（まごいち）」です。「孫」は、「孫三郎」の「孫」。「市」は「市左衛門」「市

郎兵へ」の「市」ですね。このように、「市」は名前の頭につくだけでなく、「彦市」「源市」「徳市」などと出てきます。

「七兵衛」さんと「孫市」さんが、九番目の組でした。は「伊兵衛（いへえ）」。伊兵衛さんは五組目にもいました。同名で違う人物だと思われますが、何らかの理由で同一人物が二度記載されているとも考えられ、この史料だけでは私たちにはどちらともわかりません。もちろん、住人たちは、この書き方で、どこの伊兵衛さんかということが、お互いにきちんとわかっていたのでしょう。同様のことは他の名前でも出てきます。

「伊兵衛（いへえ）」さんの相手のはが新しい字です。は「甚」に「力」で「勘」と読めます。「勘三郎（かんざぶろう）」ですね。

十組目は、「伊兵衛」さんと「勘三郎」さんでした。

「勘」も、文書の中で時々見られる字です。他の文書から拾ってみましょう。

「勘当（かんどう）」

「勘弁（かんべん）」

「割合勘定（わりあいかんじょう）」

「人名頭　天」
東京大学経済学部
資料室所蔵

名前に関する帳面を、浅田家文書の中に見つけました。

表紙（右頁の上段）には「人名頭　天、寛政七卯歳正月吉日、淺田侫治郎」とあります。いわゆる「名頭（ながしら）」つまり、人名の頭につく字を書き出したものです。寛政七年は一七九五年、『南組夜番帳』から八十年後の史料です。

右頁下段の写真は、その表紙をめくった最初の見開きです。「久・豊・富（冨）・栄・大・金・銀・多・数・福・徳・幸・甚・倉」と書かれています。確かに名前によく見られる字です。「金銀」「多数」など関連性のある字をなるべく続けて書いているようです
このページに限らず、この帳面にはあちらこちらに墨跡や汚れがついています。指の跡のようなものも見えます。これをお手本にして手習いをしたのですね。「手習い稽古」をしながら、お手本に墨がとんでしまったり、墨がついた手でさわったりしたのでしょう。

写真の「甚」の左横を見てください。

何か書かれています。

上の部分がはっきりしませんが、だれかの名前が書かれているようで、それに「すミつけた」と続いています。左斜め下に向けて、墨の線が黒々と入っていることを言っているようです。寺子屋で手習いをしていて、だれか友達が「すミ」をつけてお手本を汚してしまっ

たのでしょう。〝この墨をつけたのは自分ではありません〟と主張しているようで、思わず笑ってしまいます。墨をつけた友達も、これを書いた本人も、何ともほほえましい感じがします。

子どもたちの姿はいつの世も変わらず、元気に学び元気に遊んでいたのですね。浅田家文書には、十歳の少女「浅田傳」（おでんちゃん）が宝暦五（一七五五）年に使った寺子屋のテキストが残っています。その後ろに書かれた寺子屋の規則からも、寺子屋に通う子どもたちの姿が生き生きと浮かび上がってきます。半紙をちぎって人形細工をしたり、筆の軸で吹矢や押鉄砲を作ったり、お寺にお客様が来た時に大声で歌ったり。活発な子どもたちのことも、それを温かく見守りながら熱心に教えているお師匠さんのことも応援したくなります（拙著『古文書はこんなに面白い』柏書房）。

「名頭」を練習していた子どもたちも、「スミ」をつけ合いながらも一生懸命習得し、それらを使いこなしていけるおとなになっていったのでしょう。

『人名頭　天』は全部で見開き二十六ページあり、百五十二文字書かれています。同じ字が複数回出ている場合もあります。どんな字が書かれているか、もう少し先の方を見てみましょう。左頁上段には「儀・角・助・友・長・伝（傳）・善・作・国・久・治・勘」。下段には「才・利・嘉・丈・喜・浅・庄・礒（磯）・惣・清・幸・乙」と書かれています。

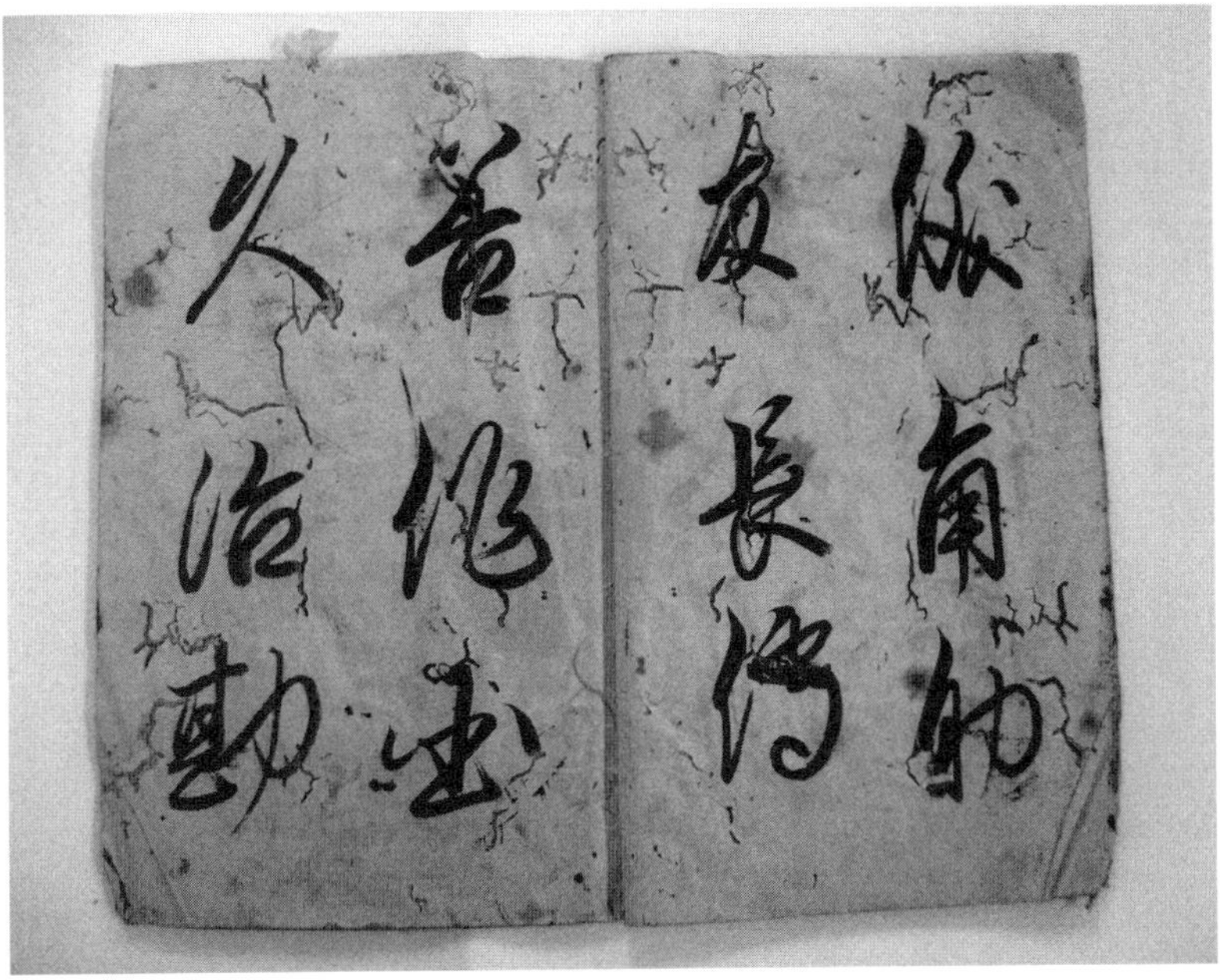

第八節　名頭に注目する

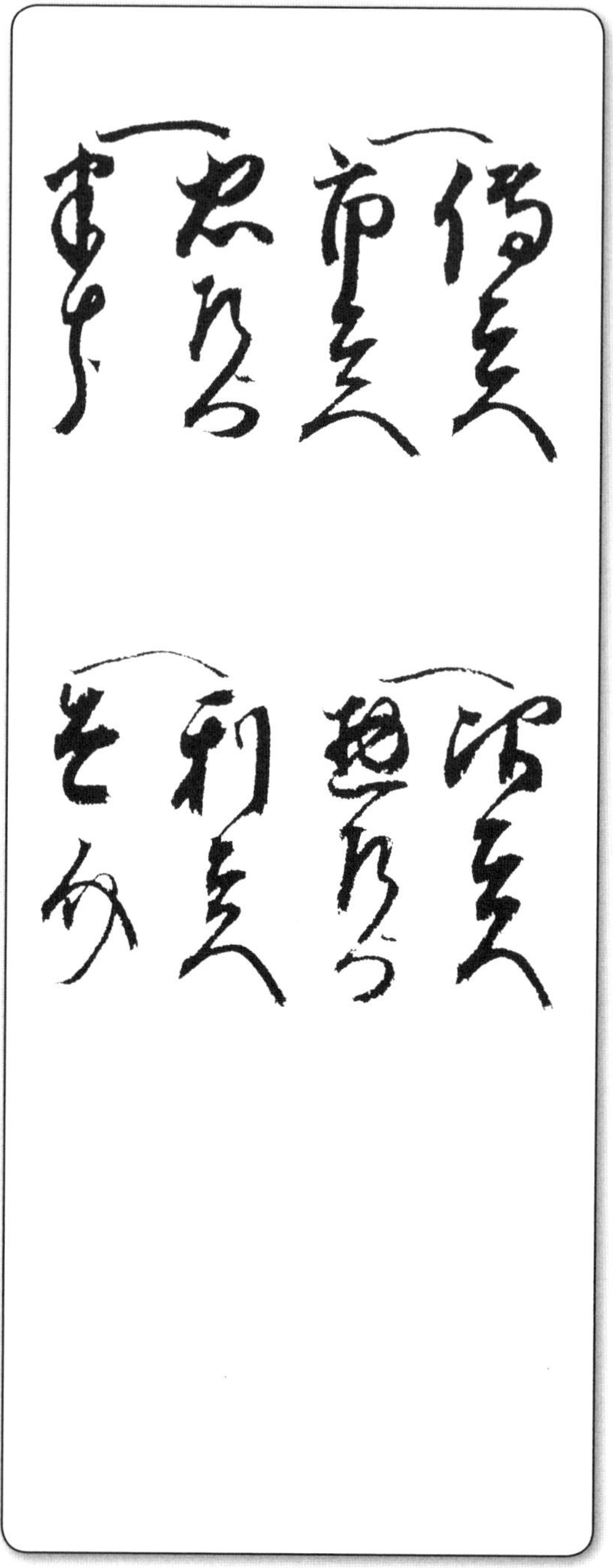

『南組夜番帳』に戻って、名前の続きを見てみましょう。
この八人は、どうでしょうか。名頭に新しい字がありますが、それ以外は読めそうです。
とは「兵へ」のパターンですね。
は初めての字です。でも、どこかで見たことがありませんか。先ほど見た『人名頭

天』の一六五頁の上段の写真（二行目の下の字）ですね。「傳」と書かれています。常用漢字ですと「伝」ですのでは「伝兵へ（でんべえ）」とします。

「伝（傳）」が、文書の中でどのように出てくるのか、他の文書で見てみましょう。

「伝来（でんらい）」
「伝達（でんたつ）」
「御伝言（ごでんごん）」
「御伝馬継場（おてんまつぎば）」
「手伝（てつだい）」

は何度か出てきた「市」です。「市兵へ（いちべえ）」です。十一組目は、「伝兵へ」さんと「市兵へ」さんでした。

も「兵へ」さんですね。は、九八頁の「次之番へ」の「次」です。前後の文脈から推測できない名前の時には、意外と難しく感じられ〝何だろう〟と悩まれたかもしれません。で「次兵へ（じへえ）」です。

「次」も、どのように使われるか見ておきましょう。

「次第ニ（しだいに）」
「取次（とりつぎ）」
「月次（つきなみ）」

はのところが「左衛門」でした（一五八頁）。
七組目の「市左衛門」の「左衛門」が、さらにくずれた形でした。
はが「物」、は「心」です。つまり、は「惣」。は「惣左衛門（そうざえもん）」ということになります。この「惣」も『人名頭　天』にありました。一六五頁の下段の写真をさがしてみてください。
「惣」も古文書にはわりによく出てくる字です。「総」とほとんど同じ意味で使われることが多いです。

「惣而（そうじて・すべて）」
「惣百姓（そうびゃくしょう）」
「役人惣代（やくにんそうだい）」

「次兵へ」さんと「惣左衛門」さんが十二組目でした。
は、何「左衛門」さんでしょうか。

が「中」が「心」で「忠」です。「中」の縦棒が真っ直ぐ下におりないで、斜め左に流れて「心」につながっています。「忠」は、ほとんどこのくずしで出てきますので、指でなぞっておいてください。

「忠左衛門（ちゅうざえもん）」さんでした。

は、今までの総仕上げのような感じですね。

は「半」。縦棒を引いてから横棒二本にいく筆順なので、左下が丸まるのでした。「半」がつく名前をまとめて見た一五一頁を、もう一度見ておいてください。

の部分は「十郎」でしたね。「十」「郎」です。点が打ってある方の「郎」が書かれています。まとめて「郎」を見たのは一四四・一四五頁です。

は「半十郎（はんじゅうろう）」と読めました。

十三組目は、「忠左衛門」さんと「半十郎」さんでした。

次の組に進みましょう。は「兵へ」さんですね。

は「利」。「のぎへん」に「刂」です。一六五頁下段の『人名頭　天』にも「利」があります。「利兵へ（りへえ）」と読めました。

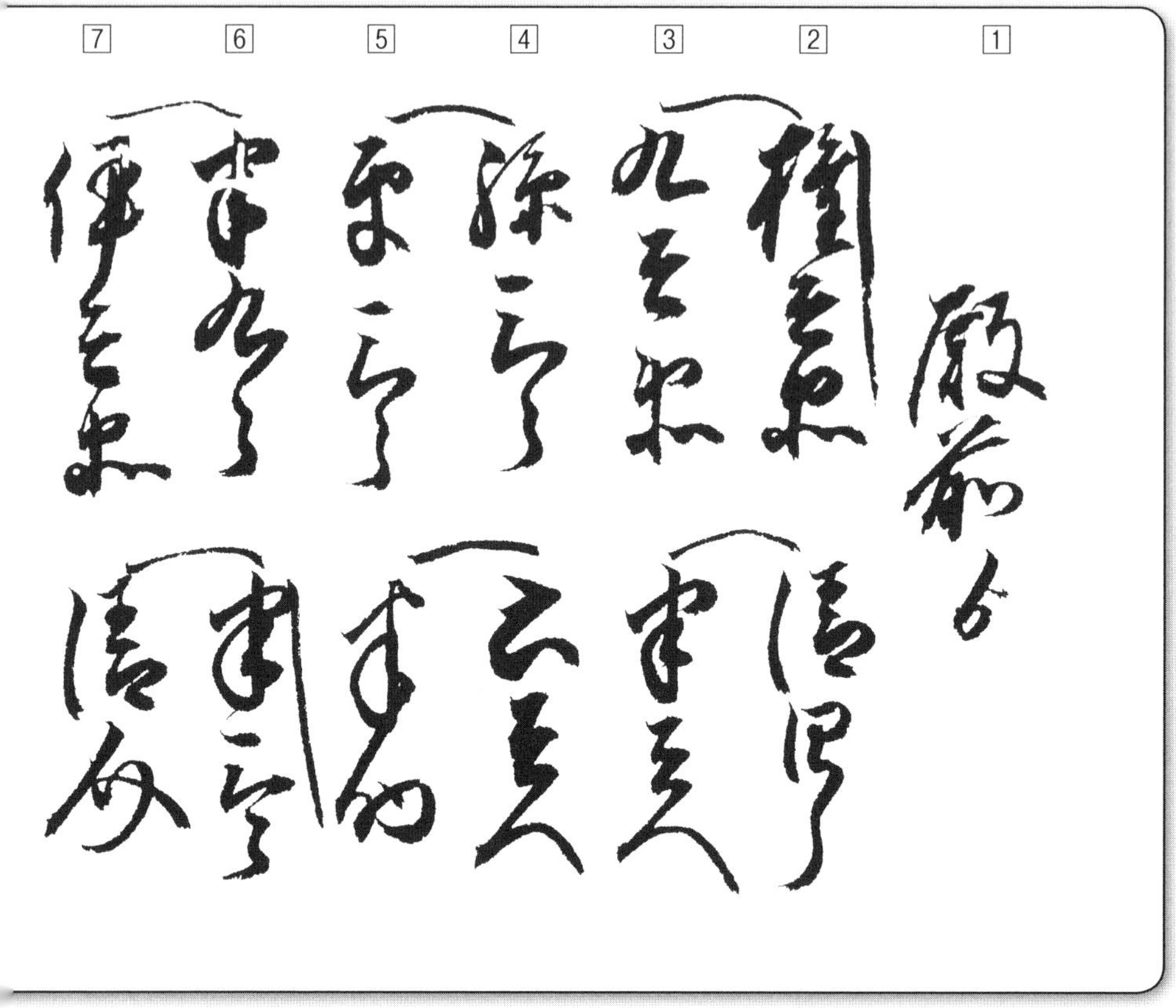

の下の字は「介」です。六組目の「清介」で見た「介」ですね。

は、何かに似ているようでもあり、初めての字のようでもあり、考え込んでしまいそうです。これが何と「兵」なのです。一三八頁でお話したように、ひらがなの「そ」に似たような形をした「兵」のくずしです。そう知ってから「権兵衛」や「利兵へ」の「兵」と比べてみると〝なるほど、大きさは違うけれども同じくずしだ〟と思っていただけるでしょうか。

「兵介（へいすけ）」と読

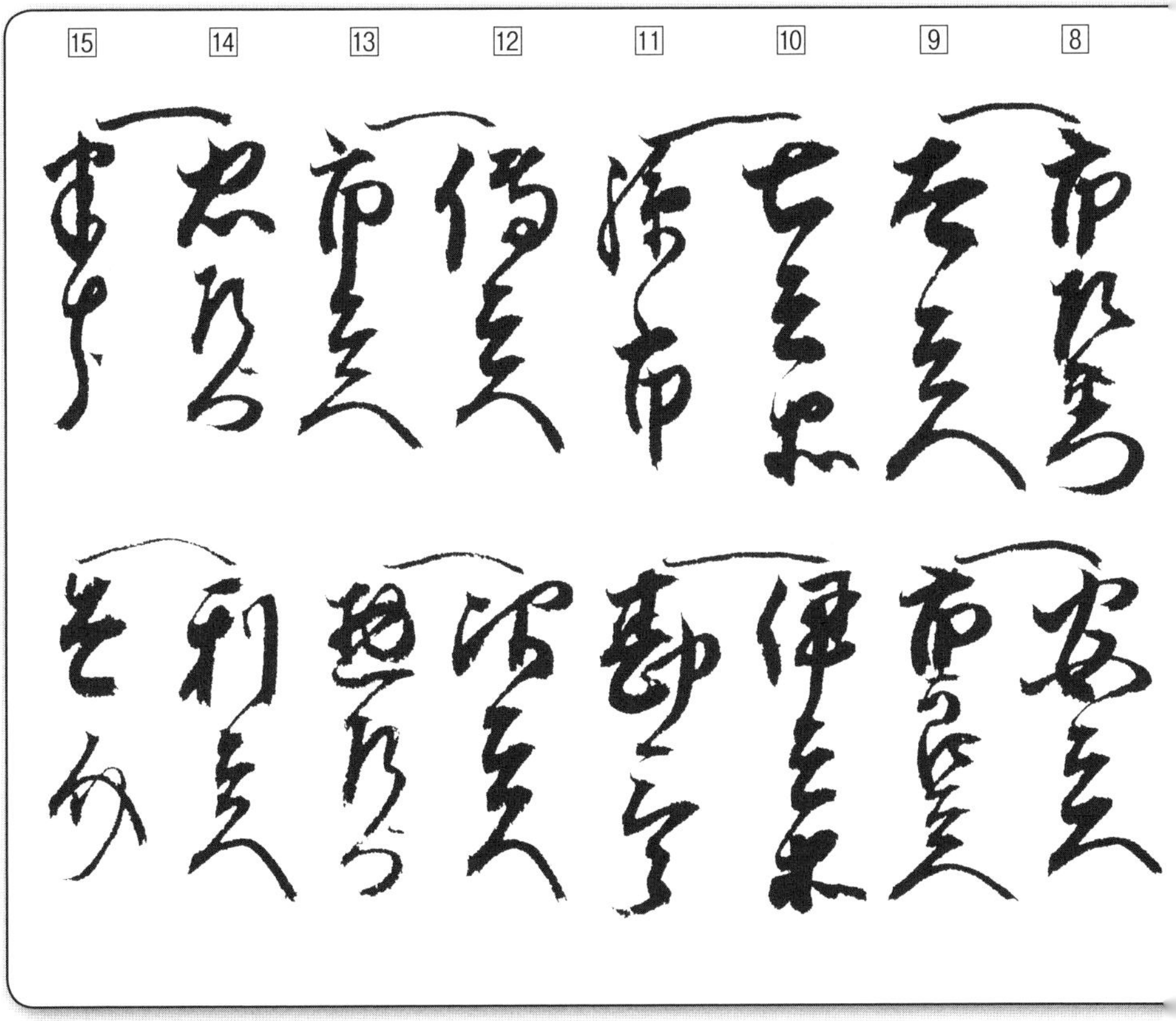

めます。

「利兵へ」さんと「兵介」さんが十四組目でした。

上のくずし字を見てください。「権兵衛」さんから始まって「兵介」さんまで、なんと十四組二十八人の名前を読みました。自信がつきましたか。

一人一人のくずし字を目で追いながら、二十八人を何度も声に出して読んでください。

・まず、全体をゆっくりながめてみる。
・「兵衛」「郎」「左衛門」などに注目して読む。

解読文

殿前ゟ

権兵衛
九兵衛
孫三郎
平三郎
半九郎
伊兵衛
市左衛門
太兵へ
七兵衛
孫市
伝兵へ
市兵へ
忠左衛門
半十郎

清四郎
半兵へ
六兵へ
半助
半三郎
清介
安兵へ
市郎兵へ
伊兵衛
勘三郎
次兵へ
惣左衛門
利兵へ
兵介

・「権」「九」「清」「半」などの名頭に注意をはらって読む。
・偏に目を配りながら読む。
・次は旁を目で追いながら読む。
・筆順を意識して読む。
・それぞれの顔や姿、夜回りの様子を思い浮かべながら読む。

など、工夫しながらいろいろな読み方を楽しんでください。

また、指でなぞって書いてみて、なるほどと得心してください。

知らず知らずのうちに、これらの文字がすっかりご自分のものになっていきます。

第九節　「右衛門」「蔵」「吉」を読む

さて、この後も続く『南組夜番帳』の名前。本節からは、その中から今まで出てこなかったパターンの名前や名頭で、是非とも知っておきたいものを取り上げていきます。

両者に共通しているのはとです。とは「右」。このように「口」の部分が平らで薄く、一直線に近くなるのは「右」でした。が「衛門」でしたから、とは「右衛門（うえもん）」です。「左衛門（ざえもん）」のくずし「惣左衛門」「忠左衛門」と比べておきましょう（一五八頁）。

は「三郎」ですからは「三郎右衛門」。「さぶろううえもん」ですが、おそらく「さぶろうえもん」と呼ばれていたのでしょう。は初めてですね。これは「善」のくずしですので「善右衛門（ぜんえもん）」

ということになります。

「善右衛門」の他にも、頭に「善」のつく名をさがしてみましょう。

「善九郎（ぜんくろう）」「善兵へ（ぜんべえ）」です。

「右衛門」とともに、ここで読んでおきたいのは「蔵（ぞう）」です。たとえば、

「吉蔵」。「よしぞう」あるいは「きちぞう」と呼ばれていたのでしょう。

「蔵」パターンの名前も、「文蔵（ぶんぞう）」「為蔵（ためぞう）」など、近

世文書ではしばしば見られます。また、「蔵」は「くら」と読む読み方でもよく出てきます。

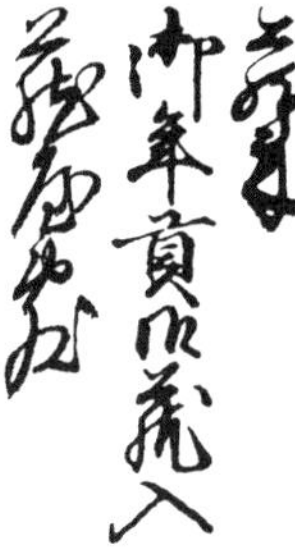

「蔵米（くらまい）」

「御年貢御蔵入（おねんぐおくらいり）」

「蔵屋敷（くらやしき）」

「吉蔵」の「吉」も、「市」同様に名前の頭にも末尾にもつきます。

虫食いがあって少し読みにくいですがが「吉」と見えますね。「吉兵衛（きちべえ）」です。「忠」は一六八頁の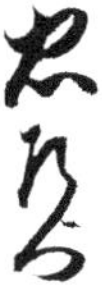「忠左衛門」よりわかりやすいくずしです。「庄」は「庄や方」の「庄」です。「忠吉（ちゅうきち）」「庄吉（しょうきち）」と読めます。

第十節　名頭ごとに読む

名頭ごとに、さらにいろいろな名前を見てみましょう。一六二・一六五頁の『人名頭　天』に書かれている字もありますから、さがしてみてください。

は、すべて「新」です。一番上のが一番難しそうに見えますが、よく出てくるくずしですので、指でなぞって書いて覚えておいてください。

「新四郎（しんしろう）」「新兵へ（しんべえ）」「新三郎（しんざぶろう）」です。

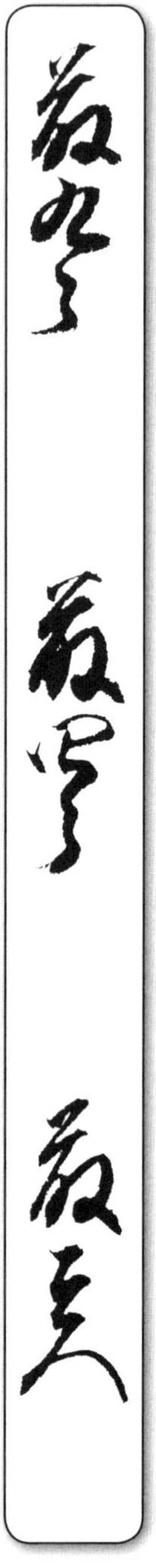

は「藤」です。「くさかんむり」の下に、くるくるっと左から右に二度巻いたような形が「藤」になります。「藤九郎（とうくろう）」「藤四郎（とうしろう）」「藤兵へ（とうべえ）」と読めます。

は「甚」です。「甚三郎（じんざぶろう）」「甚四郎（じんしろう）」ということになります。前に見た「勘三郎（かんざぶろう）」の「勘（かん）」も人名でよく出てきますが、「甚（じん）」も知っておいてください。「甚」は「はなはだ」という読み方で、文書の中で使われています。

「甚敷（はなはだしく）」

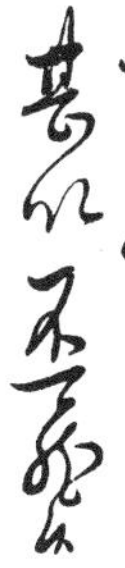「甚以不レ可レ然候（はなはだもって、しかるべからずそうろう）」

「喜」は今でもこのようなくずし方をしますね。
「喜三郎（きさぶろう）」「喜兵へ（きへえ）」です。

このも、よく人名に出てくる字です。
「さんずい」に「原」で、「源」と読めます。
「源兵へ（げんべえ）」「源次郎（げんじろう）」です。

「平」のくずし方の二通りを見ることができます。「平兵へ（へいべえ）」の「平」は、私たちが書く筆順と同じで、縦棒を最後に引いています。「平右衛門（へいえもん）」の「平」は、縦棒を引いてから最後に下の横棒なので、左下が丸まっています。「半」と同じ書き方でしたね。

さて、次の名前はどうでしょうか。どんどん読んでみましょう。名頭の字が、他の文書でどのように出てくるかも参考にしてください。

「長」→「長次郎（ちょうじろう）」

「長百性（おさびゃくしょう）」

「増長（ぞうちょう）」

「長屋（ながや）」

「徳」→「徳兵へ（とくべえ）」

「利徳（りとく）」

「有徳（うとく）」

「報徳（ほうとく）」

「弥」→「弥兵へ（やへえ）」

「弥以（いよいよもって）」

「弥御無事ニ而（いよいよごぶじにて）」

「武」→「武左衛門（ぶざえもん）」

「武家地（ぶけち）」

「武州（ぶしゅう）」

「公武（こうぶ）」

「与」→「与次兵へ（よじべえ）」

「与頭（くみがしら）」

「五人与（ごにんぐみ）」

「得と（とくと）」

「茂」→「茂兵へ（もへえ）」

「何も（いずれも）」

「何方迄も（いずかたまでも）」

「貴殿ニも（きでんにも）」

「重」→「重郎兵へ（じゅうろべえ）」

「重而（かさねて）」

「重立（おもだち）」

「重々不届至極（かさねがさねふとどきしごく）」

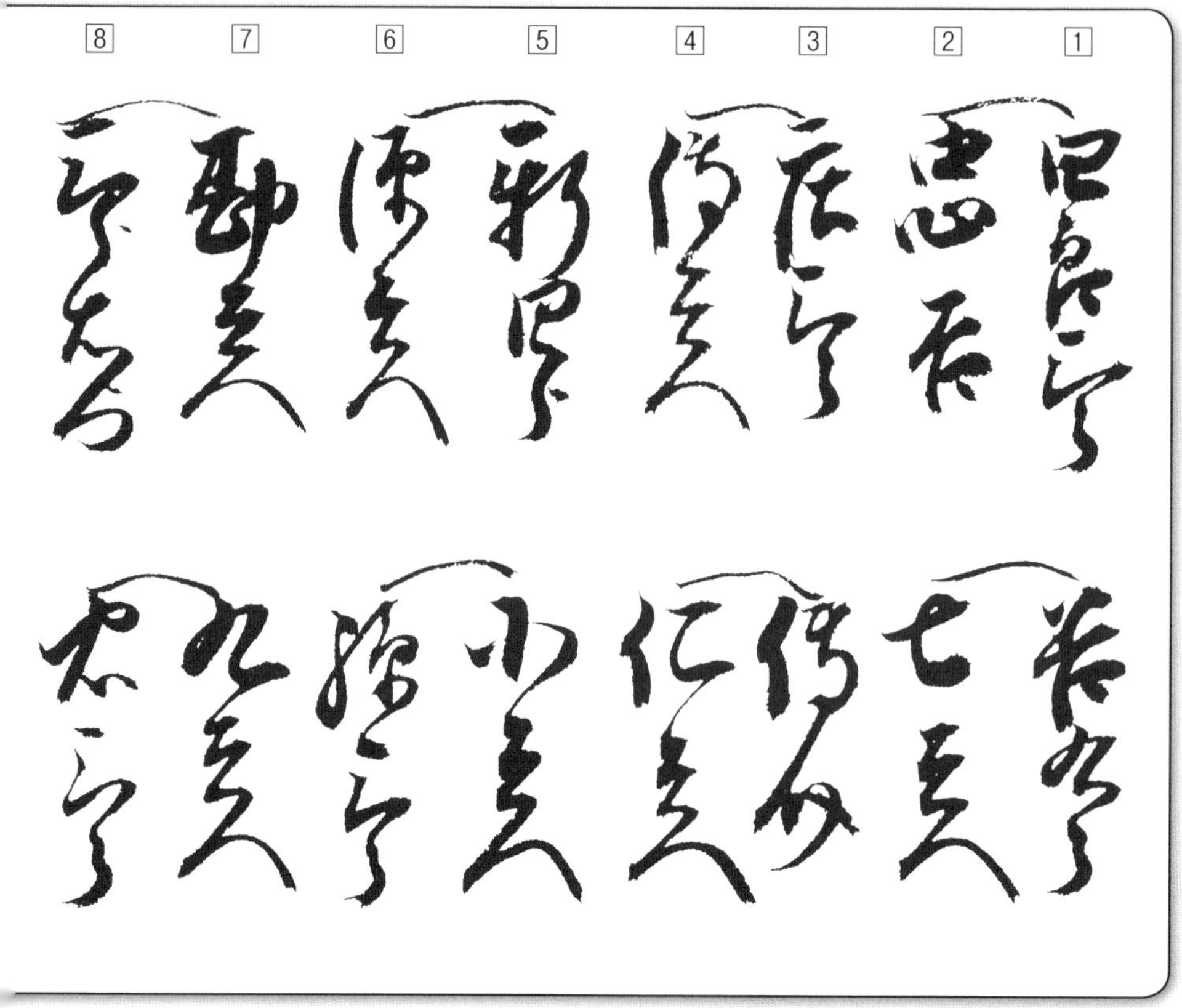

さて、力試しのつもりで、上の名前を読んでみましょう。

これは、一三四・一三五頁に見開きで載せた写真の左頁の方です。

どうでしょうか。初めに『南組夜番帳』に出会ったときに比べると、ご自分でもびっくりするほど読めるようになっているのではないでしょうか。

左の解読と照らし合わせながら、「読めている、読めている」と安心してください。

解読文

（四郎三郎　（善九郎
（忠吉　（七兵へ

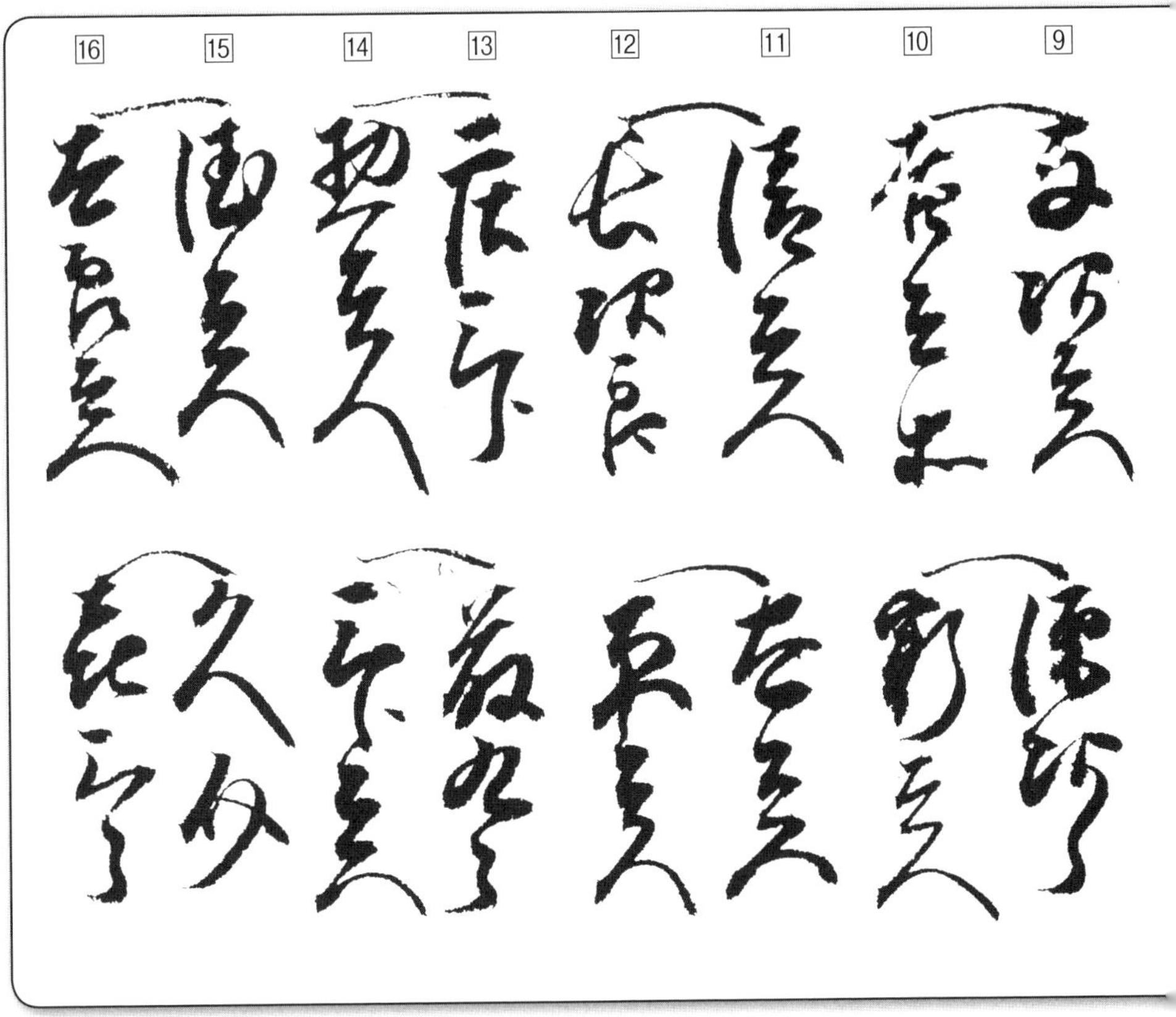

庄三郎
伝兵へ
新四郎
源兵へ
勘兵へ
三郎右衛門
与次兵へ
吉兵衛
清兵へ
長次郎
庄三郎
惣兵へ
徳兵へ
太郎兵へ

伝介
仁兵へ
小兵へ
孫三郎
九兵へ
忠三郎
源次郎
新兵へ
太兵へ
平兵へ
藤九郎
三郎兵へ
久介
喜三郎

木津川の渡し（『拾遺都名所図会』より）

第六章　二月二二日からの夜番

一三四・一三五頁の名前の後ろに、さらに見開きで二十八組五十六名分が書かれているのは、前にお話した通りです（一三七頁）。前章の第九節・第十節では、そこに書かれている名前のいくつかも取り上げて、いろいろな名頭の名前を読みました。

今までのところを振り返ってみると、『南組夜番帳』は次のような内容と構成でした。

・表紙
・「覚」と書かれた、夜番の役割三か条
・「殿前ゟ」から始まる夜番の組、合計五十八組・百十六人分の名前

ここまでで、表紙を入れて文書の五枚（十ページ）分、ということになります。

表紙には「紙数弐拾枚」と書かれてありましたが、数えてみると実際は十八枚です。最後の五枚は白紙ですので、記載部分の残りは、あと八枚ということになります。

その八枚には、何が書かれているのでしょう。

そのスタートの部分の写真を、左のページの上段に載せました。名前の続きのようですが、横に二人ずつ対になって書かれていた今までの形式とは明らかに違います。

まず、「二月二日夜番」と大きく書かれています。「権兵へ」さんと「九兵へ」さんが二月

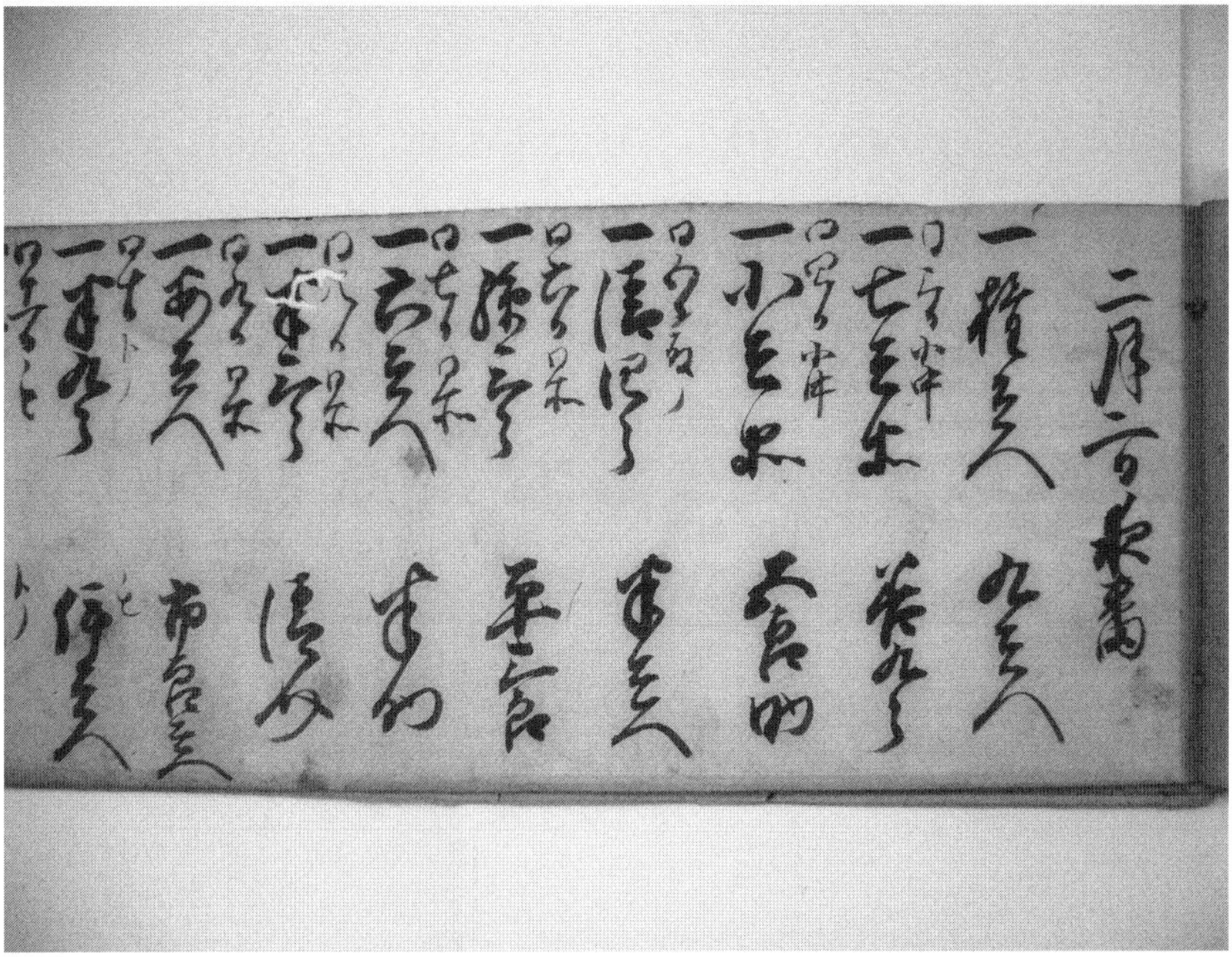

二日に夜番を行ったことがわかります。次を見てみましょう。

同三日　小中
一、七兵衛　善九郎

翌日の同（二月）三日には「七兵衛」さんと「善九郎」さんが番を務めたのですね。「小中」は「小中小路」の住人であることを表しています。

つまり、ここから先の記述は、毎晩実際に夜回りをした人たちの居住地域と名前を書き上げたものだとわかります。

「小中」の他にも、「ノヒ」（野日代）、「殿ノ」「トノ」（殿前）、「イソ」（磯垣内）などと書かれたものがあります。「東小中」「西小中小路」などと詳しく書かれている場合もあります。

解読文

二月二日夜番

一、権兵へ　九兵へ

同三日　小中

一、七兵衛　善九郎

同四日　小中

一、小兵衛　五郎助

同五日　殿ノ

一、清四郎　半兵へ

同六日　同所

一、孫三郎　平三郎

同七日　同所

一、六兵へ　半助

同八日　同所

一、半三郎　清介

同九日　同所

一、安兵へ　市郎兵へ

同十日　トノ　ノヒ

一、半九郎　伊兵へ

さらに、必ずしも夜番の組の順番通りではないことも読み取れます。一三四・一三五頁の夜番の組と比べてみると、二月二日の「権兵へ・九兵へ」は、確かに最初の組ですが、その後の実施状況は、必ずしもこの順ではなかったことがわかります。

また、先を読んでいくと、組み合わせ自体が変化したり、一三四・一三五頁には見られないペアや名前がある時もあります。二度目・三度目に名前が出てくる時には、違う人と組んでいたりするのです。

つまり、実際の夜番の実施にあたっては、順番も組み合わせも固定化していないのです。これは、その時期やその日の仕事や生活などの都合によって、臨機応変に対応していたことの表われであり、お互いに融通を利かせながら毎晩の大里内の警護にあたっていたのだと思われます。

とにかく、二人ずつ夜番を続けることは守られています。『南組夜番帳』には、この後、七月四日までの記載があります。

二月二日から二十九日
三月一日から二十九日
四月一日から三十日
五月一日から二十九日
六月一日から二十九日
七月一日から四日

この期間、何と一日も欠かすことなく、夜番を行った者の名前が記述されています。二月二日から七月四日まで百四十九日間、延べ人数三百八人（五月一日は一人、六月二十三日から七月四日までは三人）になります。これが八枚（十六ページ）にわたって書かれている内容です。まさに、「覚」の二か条目にあった「夜番帳ニ付（よばんちょうにつけ）」（九八頁）の意味は、ここにあったと思われます。

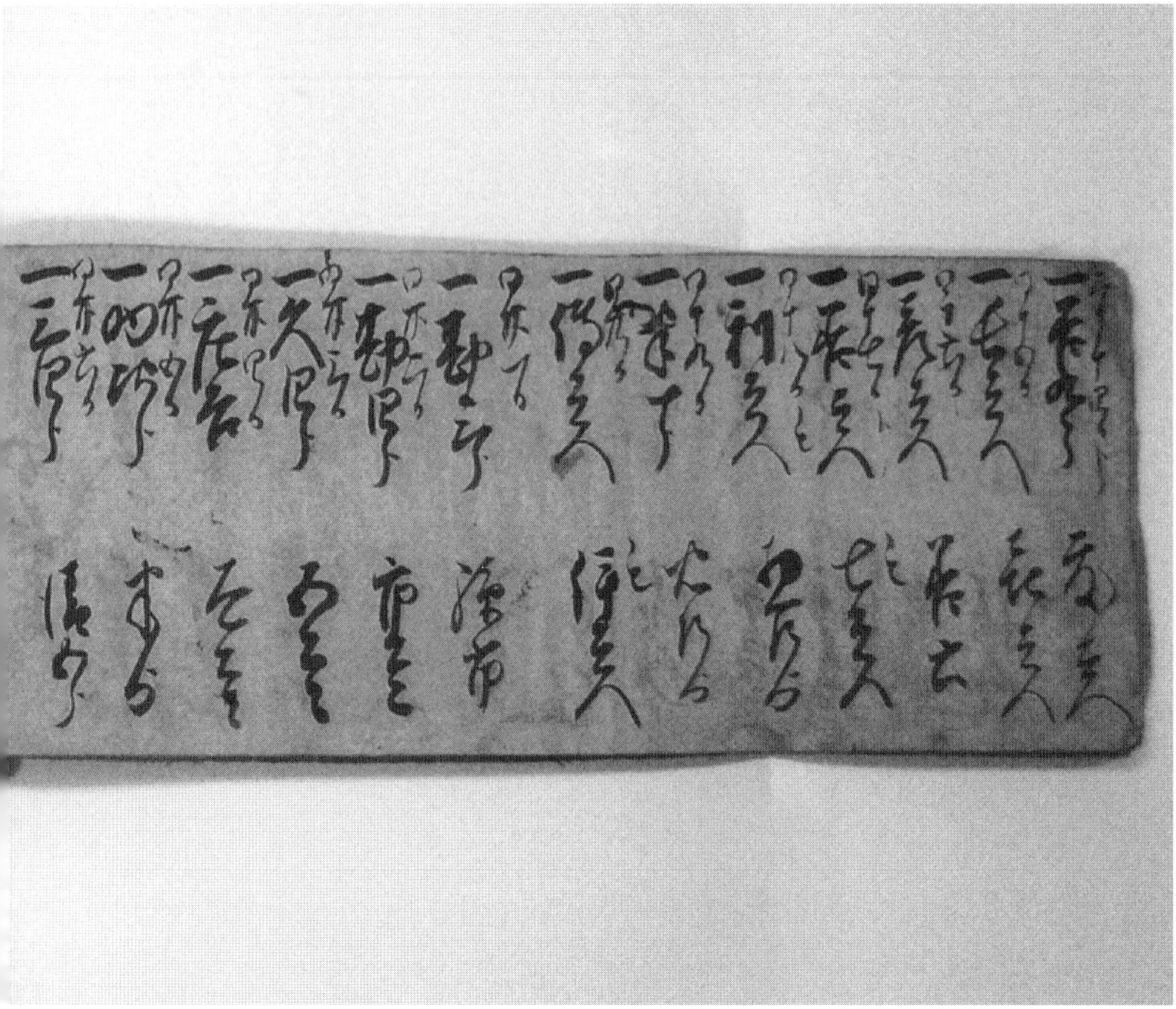

異常の有無や来訪者の詳細などについて書き付けるための帳面が、このほかにも別にあったかどうかは不明です。しかし、少なくとも、夜番を行った者の名前をここに書き付けて「次之番へ右之帳渡シ（つぎのばんへ、みぎのちょうわたし）」とすることによって夜番を引き継いでいったことが確認できます。

さて、上の写真は、二月二日に夜番の記載が始まってからしばらくたった、二月中ごろから三月上旬にかけての記述です。何か気がつくことはあるでしょうか。

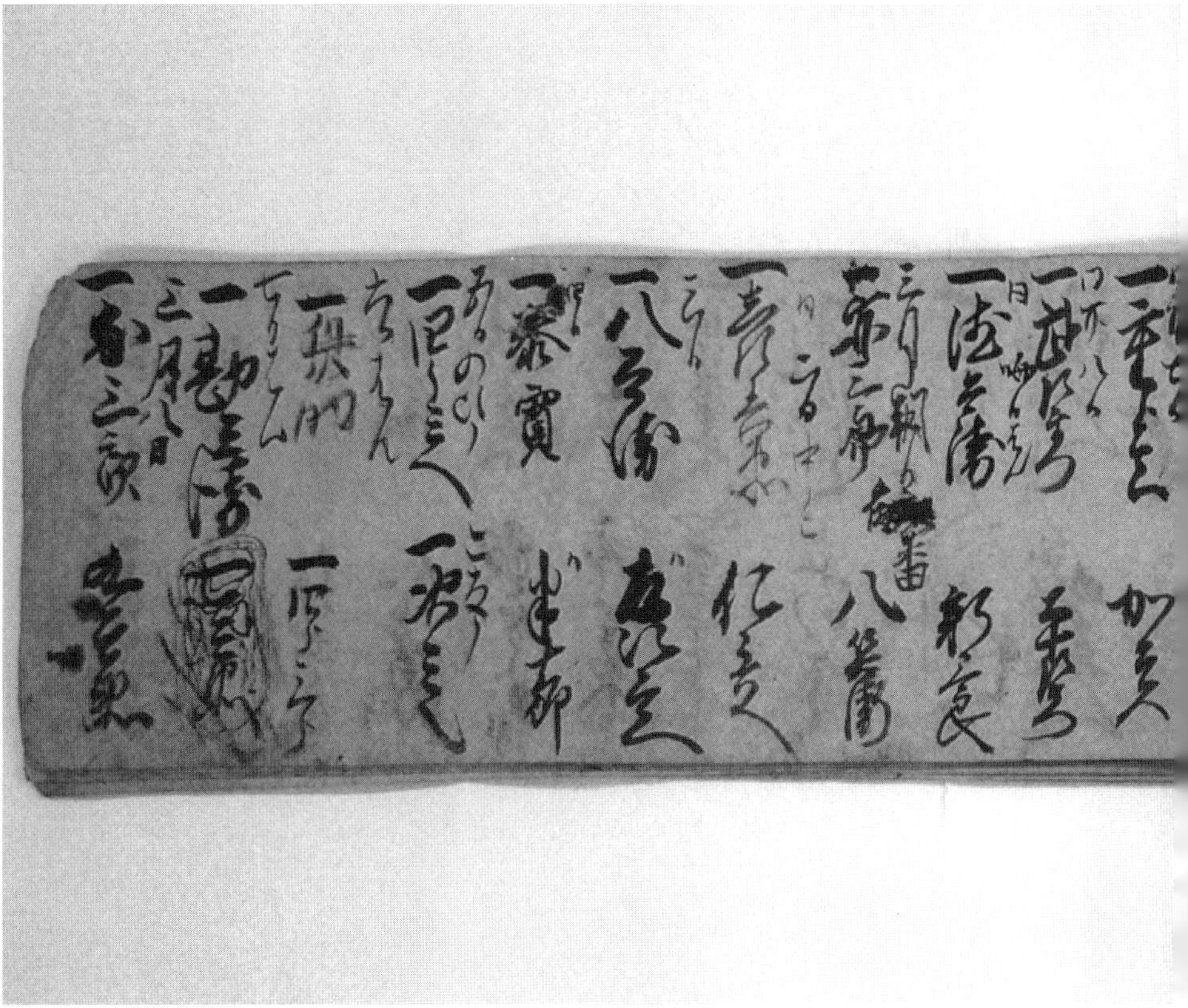

右のページの整然とした書き方に対して、左のページの中ごろぐらいからは、少し雑然と書かれたり、消したり直したりの状態も見られます。これを、どう解釈したらよいでしょうか。何を意味していると考えられるでしょうか。

おそらく、二月末ぐらいまでの記載は、同一人物が書いたものと思われます。

これは表紙や「覚」、夜番の組み合わせを書いた人物の手と見られます。私たちが第一章から第五章まで解読して見慣れてきた筆跡ですね。読みやすい字できれいに丁寧に書かれています。

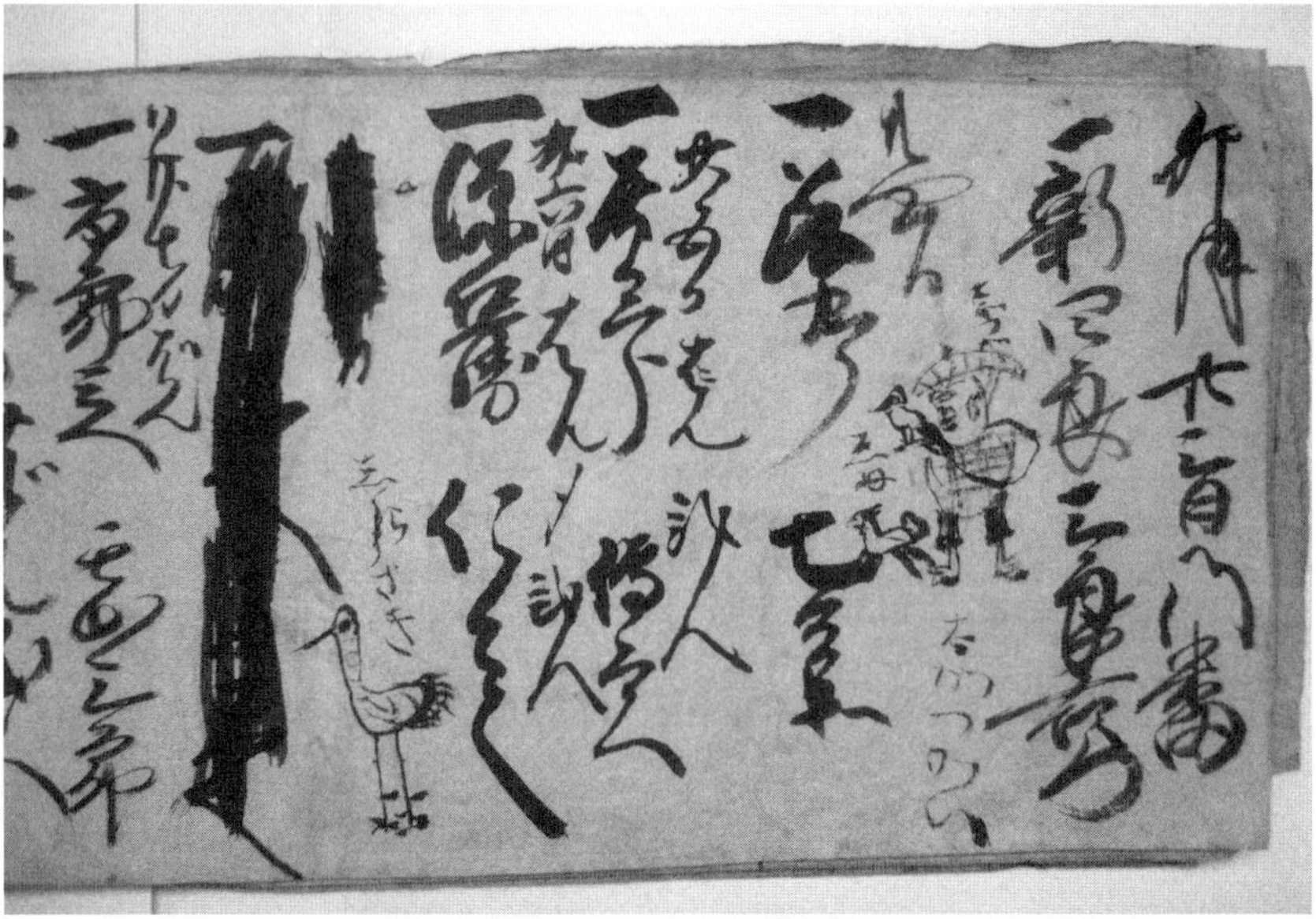

それに対して、それ以降やや不揃いになっていくのは、夜番を行った本人たちが自分で書き込んだからではないでしょうか。二人のうちどちらか、あるいはそれぞれが自分たちの名前を記入したと思われます。そのため、基本的なくずし方は同じですが、それぞれの個性がある字が並んでいると考えられます。日にちが進むにつれて、その傾向が強くなっています。

その中で、面白い箇所をご紹介しましょう。

上段の写真を見てください。

何やら絵が描いてあります。

思わずうれしくなるような、ほっとするような絵ですね。

絵に字が添えてありますので、何と書かれてあるか読んでみましょう。絵の助けを借りると読めそうです。

右側の絵は「たかつかい」（もとになっている漢字は「太加川加以」）と読めます。「鷹つかい」のことですね。

もう一つは、「しらさき」（もとの漢字は「志良左幾」）とあり、「白鷺」の絵が描かれています。夜番の合間にでも描いたのでしょうか。『南組夜番帳』本来の目的からは外れた〝いたずら書き〟ということになってしまうでしょうが、楽しいイラストを残してくれました。だれの作品でしょうか。名前を読んでいってみましょう。

は「卯」の異体字「夘」のくずしです。「卯」は「夘」で書かれていることがほとんどです。

「卯月（うづき）」ですので「四月」のことですね。

は「廿（にじゅう）」ですので「卯月廿三日（うづきにじゅうさんにち）」、つ

まり「四月二十三日」のことです。

「門番（もんばん）」が、夜番のことですね。

「一（ひとつ）」の次には、この日に務めた二人の名前が書かれています。

は「新」でした（一七六頁）。は「四」。は「良」ですが、「郎」のつもりでこのように「良」が書かれていることがしばしばあります。「新四郎（しんしろう）」と読んでおきます。

同様に「三郎右衛門（さぶろうえもん）」です。とても元気な「右衛門」が書かれています。「右衛門」パターンは一七三頁を見ておいてください。

この「新四郎」さんか「三郎右衛門」さんのどちらかが、「たかつかい」（鷹つかい）の絵を描いてくれたのかもしれません。

が、翌日の「廿四日」ですね。「四」は「新四郎」の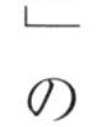「四」や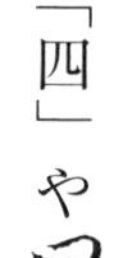「四ッ」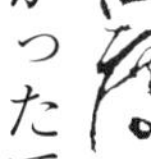「四度」などで見た「四」とは少し違うくずし方ですので、ここでお目にかかれてよかったです。

は、だれでしょう。は「九郎」と読めます。の「郎」を一四四・一四五頁でもう一度確認しておいてください。が難しいですね。の部分を「くさかんむり」と見て「藤九郎（とうくろう）」と読みましょう。「藤」は一七七頁で見ました。は「七兵衛（しちべえ）」でいいですね。「兵衛」パターンの復習は、一四〇・一四一頁です。

次の日は「廿五日」。「五」に注目しましょう。「五」は、筆順を追うことによって読める字でしたね。表紙のの「五」の時にお話しました。五は

のようにくずれます。は何でしょう。は「者」のくずしです。ひらがな読みして「は」。ここでは、それに濁点がついていますので「ば」です。古文書には濁点が打たれていないことが多いですが、ここには打ってあります。は「ん」ですのでは「ばん」と読めます。「ばん」↓「番」↓「夜番」のことですね。「卯月廿三日、門番」とありましたので、「門番」の「番」と考えてもいいでしょう。

「廿五日」の「ばん」は「弐人」。

ととあります。はを「土」、を「まだれ」と見て「庄」と読むことにしましょう。「庄三郎（しょうざぶろう）」です。

は「伝」でしたね（一六六頁）。は「兵へ」です。真ん中の横棒が長いこんな「兵」も見ておいてください。「伝兵へ（でんべえ）」となります。

次の日の「廿六日」には、濁点を打たない「はん」が書かれていますが、これも「ばん」（番）ですね。やはり「弐人」ですが、その前に「〆」とあります。

「〆弐人（しめて、ふたり）」。

その「弐人」がとです。

は「さんずい」に「原」の「源」。「源兵衛（げんべえ）」。

は「にんべん」に「二」で「仁」。「仁兵へ（にへえ・じんべえ）」。

「しらさき」（白鷺）の絵の描き手は、「源兵衛」さんか「仁兵へ」さんでしょうね。

絵の上と、次の行の「一つ書き」が、黒々と消されているのは、夜番が入れ替わったのでしょうか。「しらさき」も一緒に消されてしまわないで幸いでした。

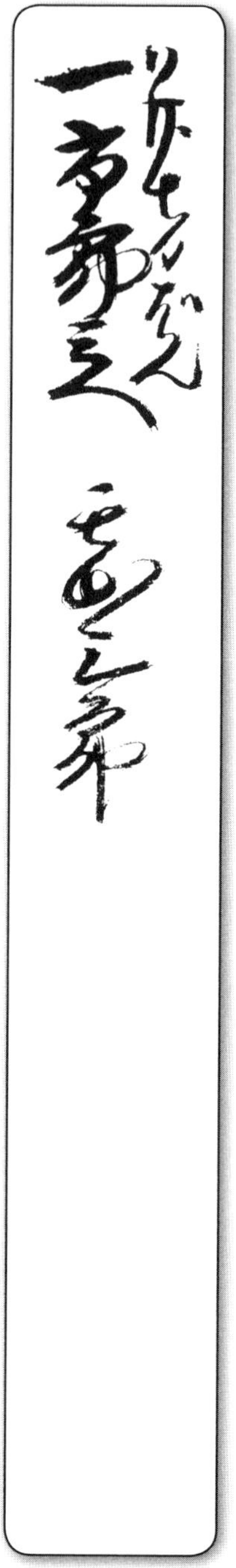

が「同」ですので「同廿七日ばん」と書かれていますね。「廿」だけでも、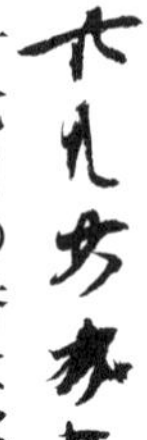とたくさん見ることができました。

四月二十七日の番は「市郎兵へ（いちろべえ）」さんと「甚三郎（じんざぶろう）」さん。ここでの「郎」は、「新四郎」の時の「良」ではなく「郎」が書かれています。

総まとめの意味で「市」（一五四頁）と「甚」（一七七頁）も、振り返って見ておいてください。

解読文（絵などは省く）

卯月廿三日門番
一、新四郎　三郎右衛門
廿四日
一、藤九郎　七兵衛
廿五日　ばん
一、庄三郎　弐人 伝兵へ
廿六日　はん
一、源兵衛　〆弐人 仁兵へ
同廿七日　ばん
一、市郎兵へ　甚三郎

解読文（一九〇・一九一頁）

二月十四日トノ
一、善九郎　（カ）藤兵へ
同十五日
一、長兵へ　喜兵へ
同十六日
一、彦兵へ　善六
同十七日トノ
一、善兵へ　ノヒ 七兵へ
同十八日ノヒ
一、利兵へ　惣左衛門
同十九日
一、半十郎　忠左衛門
同廿日
一、伝兵へ　ノヒ 伊兵へ
同廿一日
一、勘三郎　孫市
同廿二日
一、勘四郎　市兵へ
同廿三日
一、久四郎　五兵へ
同廿四日
一、庄吉　太兵へ
同廿五日
一、助次郎　半右衛門
同廿六日
一、三四郎　清五郎
同廿七日
一、重郎兵へ　加兵へ
同廿八日
一、武左衛門　平左衛門
同晦日　はん
一、徳兵衛　新三郎
三月朔日夜番
一、亦三郎　八兵衛
同二日　中　ノヒ
一、彦兵衛　仁兵へ
三日
一、八兵衛　同 左次兵へ
四日
一、泰寛　同 半十郎
五日のひノ
一、四郎兵へ　こなノ 一、次兵へ
六日はん
一、与助　一、四郎三郎
七日はん
一、勘兵衛　七兵衛
三月八日
一、忠三郎　九兵衛

上狛・泉橋寺の風景（『拾遺都名所図会』より）

古文書へのお誘い——読めて楽しめるようになりたい方に

くずし字解読のための三原則

『南組夜番帳』を解読しながら、いろいろなお話をしてきました。

それらのことをふまえて、どうしたらくずし字を読めるようになるか、どうしたら古文書をより楽しむことができるかを考えていきましょう。

くずし字が一瞬にして読めるようになる方法や、何の努力もなしに解読できる魔法があったらいいのですが、なかなかそうはいきません。やはり、積み重ねが大切です。

むしろ、その積み重ね自体が楽しいと言えるかもしれません。

読めない字が読めるようになっていく過程は、新しい発見の連続です。『南組夜番帳』を読みながらも、わくわくなさったのではないでしょうか。くずし字が読め、文意が取れ、文書の中から村の生活が浮かび上がる。関連して、江戸時代の時刻のしくみがわかったり、江戸時代の人の名前も読めるようになる。これは、大きな喜びですね。

では、何をどう積み重ねていったら読めるようになるかを考えた時、効率的な方法はありそうです。

いつも私は、くずし字の解読のためには次の三つのことを心がけてくださいとお願いしています。

1、じっとにらむ

漢字は、偏や旁などの部分からできています。くずし字をじっとにらんでいると、それらが見えてきます。その全部がわからなくてもいいのです。偏だけでも、ああ「かねへんだ」、などと見えてくるでしょう。あるいは、漢字のごく一部分だけでも、それまでの知識のアンテナに引っかかってくることがあるかもしれません。たとえば、この部分は「口」かな、ここは「土」かもしれない、この部分は「直」らしい、などと気がつくでしょう。

それらを〝手がかり〟にして、その前後の意味や文脈をとりながら、何の字か推しはかって判断していきましょう。少し読めてくると、〝手がかり〟がだんだん増えてきますから、雪だるま式に読める字が増えていきます。

〝さっと見る〟のではなくて〝じっくりにらむ〟という心意気で、運筆がどうなっているか、全体の字形がどんな特徴を持っているか、偏や旁がどうなっているかなどを、丁寧に見てください。

「面白いな、こうくずれているんだ」と、〝字として〟見えてきます。その実感を積み重ねてください。

仮名についても同じことです。そこに書かれている仮名のもとになっている漢字を確認してください。たとえば、同じように「す」と読む場合でもは「寸」がくずれたもの、は「寿」ですね。は「春」をくずして「す」と読ませています。ここで、仮名の勉強と同時に漢字の勉強もできたことになります。他にも「須」の「す」もよく出てきます。「須」では、ついでに旁の「頁（おおがい）」も確認できてしまいます。

そしてあらゆる場合に大切なことは、比べてみることです。

本書でも、前に出てきた同じ字と比べながら覚える、先の方に同じ字がないかさがしてみる、ということを繰り返しながら覚えていきました。「兵衛」「郎」「左衛門」など、その字だけを〈じっとにらむ〉のでなく、多くの例を見比べながら覚え、知識を定着させていきました。

ご自分で文書を読まれる時も、「なるほど」と感心しながら、〈じっとにらむ〉〈比べる〉を繰り返してください。

2、真似して書く

〈じっとにらむ〉だけでなく、そのくずし字を真似して書いてみましょう。くずし字と、より親しくなることができます。

本書でも〝くずし字の上から、指でなぞってみてください〟と、何度も申し上げました。

もちろん、紙と鉛筆を用意して、くずし字を真似して書いてみるのはとても大切です。だんだん真似がじょうずになってくるのはうれしいですし、「なるほど、こういう筆順で書かれているのか」と、くずし字を見る目も変わってきます。

私の講座の受講生の方で、半紙に墨で真似して書かれて、どちらが本物の古文書かわからないぐらい上手な方もいらっしゃいます。その方のお話では、そうやって書いていると、くずし字のしくみが本当によくわかるそうです。

文書のくずし字の上から指でなぞってみるだけでも十分です。指先を動かしてみると、驚くほどくずし字の運筆がわかり、字が見えてきます。そして、指をくずし字からはずして、空中でもう一度書いてみましょう。「いとへん」はこう書かれているのか、こんな時もあるのかと。見ていただけの時とは違って、指を動かすことによって、知識が体験化していきます。

〈真似して書く〉を、楽しみながら積み重ねていってください。

3、声に出して読む

くずし字が読めるようになってきたら、適当な区切りごと、まとまりごとに、声に出して読んでみましょう。

『南組夜番帳』でも、小さな区切りや「一つ書き」ごとに、音読をお願いしました。

これは、とても大切なことですし、抜群の効果があります。声に出すことによって、古文書のリズムがわかってきます。すると、おかしな言い方かもしれませんが、読めない字も読めるようになってきます。

読めない字の所は、「何とか」とでも言いながら読んでおきましょう。そのうち〝その「何とか」にはこういう意味の字が入らないと文脈上おかしい〟とわかってきます。

そこで、その意味や音に当てはまるような字を見当づけてさがしていくと行き当たる、あるいは、ある日突然思いつく、ということがあります。さっきまで読めなかった字が、久しぶりに声に出して読んでみたら、自然に口をついて出てきた、くずし字がこう読んでくれと言っている、確かにくずし字としてもそう読めるし文意も通じる、などという経験をなさったことがあるのではないでしょうか。

初めて読む古文書にも、それまでの文書の音読効果はあります。

「もうすべくそうろう」「ちょうじせしめそうろう」「おおせくだされそうらわば」「よってくだんのごとし」などと普段から言い慣れていると、少しぐらい読みにくい字があっても、は「被」と読むしかない、は「仰」だろう、は「如」、などと不思議なほど見えてきます。そして、それらのくずし字を、自分の「被」「仰」「如」のくずしのレパートリーの

中に加えることができます。

文書の意味や背景がわかってから改めて丁寧に音読すると、心にしっくりおさまって本当にうれしいものです。ご自分の声を「聞いて覚える」ということにもなります。

このように、たくさんの利点がある〈声に出して読む〉を、楽しみながら積み重ねていってください。

文意が通じない字は再検討

声に出して読んでみた時に、何となく不自然でおかしいと感じたり、どこかで引っかかってしまったり、ましてや文意が通じなかったりしたら、読み違いをしている可能性があります。くずし字をもう一度検討してみた方がよいでしょう。

古文書を読めば読むほど、経験を積めば積むほど、〝こんな言い方はしないだろう〟〝こんな表現は、普通出てこないはずだ〟とわかってきます。そのためには、音読をして古文書の言い回しやリズムに慣れておく必要があります。自然か自然でないか、こんな語調があるかないか、ということ自体も、音読をしながら自然に身につくからです。

つまり、〈声に出して読む〉ということは、自分が正しく読めているかどうかのチェック機能も果たしているのです。

一字一字のくずし字が読めなければ、古文書を解読することはできません。これは、どうしても必要な前提条件です。

しかし、文字だけにこだわり過ぎて、似ている字をさがし出してきたりすると、そこに来るべきはずもない字を拾ってきてしまうことになります。そうすると文脈はつながりません。「このくずし字は字典の中のこの字に一番近い。この字にしか見えない。」といくら主張しても、前後の関係から、そこにその字は入りようもない、ということもあります。

その場合は、「少し偏の感じが違うと思えるし、ここのくずし方はもう一画足りないように思えるけれど、総合的に考えてこちらの字と読んでおこう。書き手は、そのつもりで書いたのだろう。その方が、文書が言おうとしていることがわかる。」と判断した方が賢明です。

つまり〝文字に目を近づけて、くずし字の一文字一文字を丁寧に〈じっとにらんで〉見分ける〟と同時に、〝ゆったりと構えて、文章全体の中でくずし字を判断する〟ことも必要なのです。それが、読めるようになる近道だとも言えます。

すべての字が読めるに越したことはありませんが、文意が通じれば、その時に少しぐらい読めない字があってもだいじょうぶです。もちろん、その文書の主要なテーマにつながる字や、この字が読めなければこの文書をだれが何の目的で出したかがわからなくなってしまう、などというくずし字に関しては、何とかしてその時に解読しなければなりません。

しかし、その他の字については、どうしても読めなかったら、その場で無理やり解決しようとせずに、疑問は疑問のまま残しておきましょう。その疑問を頭や心の中に忘れずに持ち続けながら、これから出会う古文書の中にその答えを見つけていくというのも、楽しいものです。

そのぐらいの余裕があった方が、そして「読めない字」という財産を常に持っていた方が、前進すると思います。

〝読めた字〟を大切に

「読めない字」が気になるのはわかります。

しかし、〝読めた字〟こそが大切なのだと、私は思います。

1、〝読めた字〟を字典で引く

「〝読めた字〟を字典で引いてください」と、私はお話しています。

変だな、と思われたかもしれません。くずし字の字典は「読めない字」をさがすためのものであって、〝読めた字〟を引くものではない、とお考えでしょうか。

私は、初心者の方にこそ〝読めた字〟を字典で引いていただきたいと思っています。「読めない字」を何とか読もうと字典を片っ端から引いても、初めのうちは、どの字も同じように見えてしまって、なかなか行き当たりません。自分が知りたいくずし字が、どれと似ていてどれとどう違うのか、見分ける目がまだできていないのです。これは、初めのうちは当然のことだと思います。逆に言えば、字典を引けるようになったということは、もうかなりくずし字が読めている、ということなのです。

もちろん、初心者の段階で字典を引くのが無意味だというわけではありません。

私も、古文書に出会った大学二年生の時には市販の字典を何度も何度も引き、「読めない字」をさがし、字典はぼろぼろ、ばらばらになりました。楽しい思い出です。引きながら字を覚え、字が見えてきました。

ですから、「読めない字」をさがすという字典本来の役割も、もちろん否定しません。

しかし、是非とも〝読めた字〟も引いてください。得ることがたくさんあります。

たとえば、『南組夜番帳』でたくさん出てきた「可レ申候（もうすべくそうろう）」。〝読めた字〟の「候」を、柏書房の『入門古文書小字典』を使って引いてみます。

「候」の項には、次のように「候」のくずしが十一個も出ています。

①その中で「可ﾚ申候」の「候」に一番近いくずしをさがしてみましょう。

㋐下から二番目のがそっくりだとわかります。「これだ、これだ」とうれしくなることでしょう。

②その他の「候」のくずし字十個をながめてみます。

㋑といった、あまりくずれていないくずしもあることがわかります。

㋒は、右半分だけがあるような印象です。こんな「候」もあるのだ、と指でなぞっておきます。

㋓といった、少し変わったくずしにもいつかお目にかかりたいものだ、とじっくり見ておきます。

㋔は、『南組夜番帳』の中の「候ハ、」に近いくずしだとわかります。

③「候」の項には、「候」を使ったいろいろな慣用句や熟語が【用例】として載っています。そのいくつかを見てみましょう。

↓用例1のが「候得共（そうらえども）」。この「候」は㋒のくずしのパターンのようです。

↓他にも（用例2・3）「候得共」があります。

……これは、おなじみの㋐の形。

……これは、まさに「候ハヽ」の「候」（㋔）。

同じ「候得共」でも、いろいろなくずし方があることが一目瞭然。

④他にも、「無㆓御座㆒候（ござなくそうろう）」「可㆑被㆓成下㆒候（なしくださるべくそうろう）」など多くの用例が出ていますので、その時の時間的な余裕に合わせて楽しむことにしましょう。

『入門古文書小字典』には、くずし字と解読、そして読み方（ルビ）まで出ていますので、練習問題のようにも使えます。くずし字を見て、ご自分で読んでから、読みを含めて照らし合わせながら確認することができます。

お手元に持っていらっしゃる字典を、まずは〝読めた字〟を引くことから始めてください。その字の他のくずし方や用例を知ることで、まるでさらに文書をいくつか読んだように、知識や経験が何倍にも増えます。全く知らない字をさがしあてることに比べれば、〝読めた字〟を引くことははるかにハードルが低いはずです。おまけに、その周囲にある字も、用例の中で覚えていくことができます。

「読めない字」を、偏や旁などを手掛りに、とことんさがす努力も大切です。

しかしそれだけでなく、〝読めた字〟をもとに、効率よく知識を増やしていく、このことも心がけてみてください。

2、「マイ字典」（手製の字典）を作ってみよう

字典を自分で作ってしまう！

といっても、決して大げさなことではありません。

少しずつ少しずつ書き込んでいくと、いつのまにか字典ができてしまいます。

字典を作るのが目的ではなく、書き込んでいくこと、そして見返すことが本来の目的です。それを楽しみながら積み重ねた結果が、永遠に増え続けていく字典になる、とでも言ったらよいでしょうか。

市販の字典ではない自分だけの字典。だからこそわかりやすく引きやすく、愛着の持てる字典ができます。古文書に出会った時に、私が試みた方法の一つです。

まず、ノートを一冊用意します。どんなノートでもいいでしょう。

そのノートに、ア・カ・サ・タ・ナ……と、適当な間隔でインデックスを打っていきます。

そして、そこに〝読めた字〟を、書き込んでいきます。これも〈〝読めた字〟を大切に〉の精神です。

たとえば、『南組夜番帳』に「門」が出てきました。一番初めに出てきたのは「門数戸」の「門」でした。

「モン」ですから、マ行のところに書くことにします。

①活字の「門」を書いて「門」のコーナーを作ります。

②そこに、まずを真似して書き込みます。

③文書を読み続けていると「中門」が出てきました。先ほどのとは少し違うくずし字に見えると思ったら、を真似して書き加えます。

・これで「マイ字典」の「門」のくずしは二つ。これがくずし字の財産になります。

・やをノートに書くこと自体が、〈真似して書く〉ことになります。

・次に出てきた

「門閉ニ」

「門共」

「北門」

これらが今までのくずしと同じに見えて書く必要がないと思ったら書かない。

いや、少し違うから書いておこうと思ったら書く。

何しろ「マイ字典」なのですから、ご自由に。

④「市左衛門」は、書かなければならないですね。これは「門」だけで

なく、「左衛門」と、まとめて真似して書いてもいいですね。

このようにして、文書の中に出てきた字を、真似して書き込んでいきます。古文書によく出てくる「可」「候」「被」「御」などという字は、すぐにたくさんのくずしでいっぱいになってしまうでしょう。

〈真似して書く〉ためには、くずし字を注意深くじっくり見ることになります。前に出てきたくずしとどう違うか、比べてみることにもなります。前後の文章の意味もしっかりとって、本当にその字なのかどうか確かめる作業にも念を入れることになります。

その結果、知らず知らずの間に「マイ字典」は内容も量も充実していくことになります。楽しみながら努力した結果が、「マイ字典」という形になっていくのはとてもうれしいものです。

「マイ字典」は、書き込むだけではありません。

文書の中に読めない字が出てきた時、「どこかで見たことがある」と思って、「マイ字典」をさがしてみると、それとそっくりのくずし字が自分の手で書かれている、などということがあります。自分で書いたものは記憶に残っていることが多く、見返すことで再確認できます。時間がある時には、パラパラとめくっているだけでも、そのくずし字を書き込んだ時のこと、そのもとになった文書のことなどたくさんのことを、「ああ、そうだった」と思い返すことができます。

このお話をしたら、ノートでは一つの項目にくずし字がたくさん増えた時に不便になると考えて、カードで「マイ字典」を作っている方々もいらっしゃいます。一枚のカードに一つの字という形式でファイリングしていくなど、いろいろ工夫できそうです。

生活の中に「マイ字典」を組み込んで、ご自分に合った形で実行してみてください。

古文書を身近に置く

とにかく、できるだけ〝くずし字に接する〟〝くずし字を見慣れる〟ことが大切です。そのための手立てを楽しみながら工夫してみてください。

もちろん、まとまって古文書に取り組む時間が毎日取れればいいのですが、お忙しい方々にとって、そうもいかないことが多いと思います。しかし、工夫次第です。ご自分の近くに古文書を置くことにしましょう。もちろん、本書のような古文書の本でもコピーでも字典でも、何でもいいのです。

たとえば、本書の「覚」の一か条目全文のくずし字が載っている六四・六五頁。この箇所を開けて広げておきましょう。リビングのテーブルの上でも、洗面所の棚の上でも、もちろんご自分の机の上でもいいですね。毎日必ずそこで何かをする場所、素通りしない所、自然に目を向ける空間があれば、そこが〝おあつらえ向きの場所〟です。古文書を置いておきましょう。

毎日何気なく目を通していると、初めて読んだ時には気がつかなかったことに気づいたり、「なるほど」と理解が深まったり、こんなにしょっちゅう見ているのに忘れていると苦笑したり、もうだいじょうぶだと自信がついたり。一週間ぐらいすると、そろそろ二か条目を開けて置いておこう、などとなります。

古文書講座やサークルなどで読んでいらっしゃる文書のコピーがあったら、冷蔵庫に貼付けておくのもいいですね。通勤・通学やお出かけの鞄の中に必ず一点入れておいて、バスや電車の中で数分間でも目を通せるといいと思います。

「寝る前に、五分間声を出して読むことにしています。」とおっしゃる方もいらっしゃいます。

こうして毎日見ていると、図書館に行って、歴史的な背景をもう少し調べてみようと思われるかもしれません。用語や地理的なことも気になってくるでしょう。ご自分の地域でも同様なことがあったかどうか、市町村史や県史を手に取ることもあるかもしれません。一つの文書から、きっとたくさんの発展があると思います。

いずれにしても、ここでも〝「読めた字」「読めた文書」を大切に〟が基本です。一度読んだ文書を、それっきりにしてしまうのは何とも残念です。同じ文書を何回も何回も繰り返し読んで、一つの文書に精通することがとても大切です。それは、他の文書を理解することに必ず通じます。

文書の中に出てくるくずし字は無限にあるわけではなく、よく使われるくずし字は限られているからです。それらのくずし字は、数点の古文書を読めば、ほとんど出てきてしまっています。この数点の文書、ご自分にとって核になる古文書を読み込んでください。すると、それ以外の文書を読んだ時に、「あ、あの字だ」とくずし字が見え、「そうそう、この文体だ。知っている。」と一つ一つの文章の意味がわかります。さらに、文書全体としても何が書かれているか理解でき、その文書が持つ歴史的意味も把握することができるでしょう。

つまり、新しい文書が次々になければ勉強できない、ということではないのです。まずはお手元に、お気に入りの数点の古文書を置いてください。先ほどお話したように、コピーでも、写真でも、本を開いたページでも、字典でも、何でもいいのです。目に触れやすいところに置いて、徹底的に仲良しになってください。

そして、ある程度自信がついたら、恐れずにいろいろな古文書を読んでみましょう。ご自分の家にある文書、近くの文書館や博物館や図書館にある史料など、何でもいいですね。旅行にいらした時には、今までは読めないものとして通り過ぎてしまっていたガラスケースの中の古文書の前で立ち止まって、じっくり読んでみてください。全部は読めなくても、ところどころ読めて、けっこう文意が通じるかもしれません。ご一緒に旅行なさっているご家族やお友達に教えることができて、うれしくて励みになることでしょう。

そのようにして、どの分野と限らずに読んでいるうちに、調べたいテーマが見えてくることがあります。そうしたら、その分野の古文書を集中的に読んでみるのもいいですね。たとえば、寺子屋を始めとする教育関係、商家や奉公人の仕事や生活、農村の飢饉と年貢、江戸時代の女性について、幕府や藩の財政について、廻船と海難事故について、争論や訴訟について、地域の治水や寺社についてなど。それは、それまでのご自分の仕事や生活に結びついた関心事かもしれません。あるいは、ご自分でもびっくりするほど違う分野のことに興味がわき、新しい自分の発見に結びつくかもしれません。

古文書を読むこと自体が楽しいのもいいでしょう。何か目的があって調べるのもいいでしょう。古文書が、皆さんにとって元気に生きる源になれることを信じています。

おわりに

くずし字の解読、古文書の背景の話、江戸時代の時刻のしくみ、人名の読み方、そして勉強の仕方まで、盛りだくさんの内容にお付き合いいただき、ありがとうございました。

どうしたらくずし字が読めるようになるか、そして古文書が読めたらどんな世界が待っているか、本書での体験を通じて少しずつイメージが広がっていったでしょうか。

その手助けのために、本書ではいろいろな〝見せ方〟を工夫してみました。

網掛けをした文書を載せて、どこに同じくずしがあるかを一目瞭然にしました。最初に比べてみたのは、「可レ申候（もうすべくそうろう）」でした。〝こんなにも似ているなら読めそうだ〟〝古文書とは、読もうと思えば読めるものなのだ〟と実感なさったでしょうか。

また、そのくずし字が、他の文書でどのように使われているかの用例もたくさん載せました。「半助」さんの「助」は「助郷（すけごう）」「助勢（じょせい）」、「勘三郎」さんの「勘」は「割合勘定（わりあいかんじょう）」「勘当（かんどう）」、「吉蔵」さんの「蔵」は「蔵米（くらまい）」「御年貢御蔵入（おねんぐおくらいり）」などと、くずし字を載せてご紹介しました。

それらを見ながら〝これらの用語が出てくる助郷関係の文書や商家の文書にはどんなことが書かれているのだろう。年貢関係の史料からは何がわかるのだろう。いつか読んでみたい〟と思われたかもしれません。あるいは、すでにお読みになったそれらの文書を思い出されたかもしれません。これからも、たくさんの古文書と出会う機会を持っていただければと思います。

たった一点の近世文書を通じて、私たちは江戸時代に飛んでいくことができます。

本書の『南組夜番帳』もそうでした。「拍子木」を打って回っている村の夜回りの様子が目の前に浮かび上がります。「門」や「錠鎰（じょうかぎ）」が見えてきます。「胡乱成者（うろんなるもの）」を「吟味」しているのは、「権兵衛」さんでしょうか「九兵衛」さんでしょうか。

村や町の文書を読んでも、武家や商家の文書を読んでも、あるいは漂流した船の記録を読んでも、火事や地震の史料を調べても、実際に江戸時代に生きていた人々の姿や社会の様子を直接つかみとることができます。文書から読みとったご自分自身の江戸時代像を、どうぞ大きくふくらませていってください。

そして、それは不思議なことに、私たちと無縁な遠い昔のできごととは決して思えず、びっくりするような現実感を持って私たちに迫ってきます。社会の制度や仕組みが変わっても、人間が考えたり行動したりすることは、良くも悪くも少しも変わっていないのだと、共感したり考えさせられたりします。その意味で、古文書は現代を映す鏡であり、それと同時に未来をも考察する一つの手掛りになります。

本書の出版にあたってお力をいただいたすべての方々に心から感謝いたします。

古文書との出会いを考えた時、私は大学二年生の時に林玲子先生にお会いできて、それ以来調査や研究会をはじめいろいろな場で御指導いただいてきたことの幸せを感じています。大野瑞男先生、北原進先生にも、たくさんのご指導をいただきました。

研究会や学会や史料調査などで、多くの先生方や先輩方から学びました。とくに、本書の関係でいいますと、浅田家文書を中心に研究を進めている南山城研究会では、石井寛治先生をはじめとする皆様から、共同研究や報告の中でたくさんのご教示や示唆をいただいてきました。小川幸代氏作成の地図も、本書で使わせていただきました。同研究会の一員でもある、東京大学経済学部図書館文書室の冨善一敏氏には文書閲覧のお世話になりました。

柏書房編集部の小代渉氏、アイメディアの市村繁和氏は、古文書の書籍出版の際の強力なパートナーです。柏書房の富澤凡子社長には、いつも確かな目で温かく心強く支えていただいています。すてきなカバーデザインをつくってくださった森裕昌氏、わかりやすく楽しいイラストを書いてくださった亀田伊都子氏に御礼申し上げます。

いつも私の心の拠り所である母・夫・息子・娘、そして妹家族に、心から感謝しています。

二〇〇八年四月

油井宏子

著者略歴　油井 宏子（あぶらい ひろこ）

1953年 千葉県市川市生まれ。
1976年 東京女子大学文理学部史学科卒業。
船橋市、市川市の公立中学校教諭を経て、
1989年からＮＨＫ学園古文書講師。
近世史や古文書を学ぶ面白さを、全国各地の講座やシンポジウムで紹介している。

おもな著書・監修・論文など

『江戸奉公人の心得帖――呉服商白木屋の日常』（新潮新書、2007年）
DVD版『油井宏子の楽しく読める古文書講座』全５巻（紀伊國屋書店・柏書房、2007年）
『くずし字辞典を引いて古文書を読もう』（東京堂出版、2019年）
『手がかりをつかもう！　古文書くずし字』（柏書房、2014年）
『古文書くずし字 見わけかたの極意』（柏書房、2013年）
『絵で学ぶ古文書講座――漂流民と異国船との出会い』（柏書房、2011年）
『そうだったのか江戸時代――古文書が語る意外な真実』（柏書房、2010年）
『江戸時代＆古文書　虎の巻』（柏書房、2009年）
『江戸が大好きになる古文書』（柏書房、2007年）
『古文書はこんなに魅力的』（柏書房、2006年）
『古文書はこんなに面白い』（柏書房、2005年）
『古文書検定　入門編』（柏書房、2005年）
「銚子醤油醸造業における雇傭労働」（『論集きんせい』第４号、東京大学近世史研究会、1980年）
「醤油」（『講座・日本技術の社会史』第１巻 農業・農産加工、日本評論社、1983年）
『国史大辞典』（吉川弘文館）に「銚子醤油」など４項目執筆。

古文書《こもんじょ》はじめの一歩《いっぽ》

2008年５月10日　第１刷発行
2022年６月５日　第７刷発行

著　者　油井 宏子
発行者　富澤 凡子
発行所　柏書房株式会社
〒113-0033　東京都文京区本郷2-15-13
Tel. 03-3830-1891（営業）
03-3830-1894（編集）

装幀者　森裕昌
組　版　i-Media 市村繁和
印刷所　壮光舎印刷株式会社
製本所　株式会社ブックアート

ISBN978-4-7601-3318-5

油井宏子先生の本

〈A5判　価格税別〉

古文書くずし字 見わけかたの極意

二一六頁　一、八〇〇円

初学者・入門者でも、スラスラと読めるようになる魔法の一冊が誕生。くずし字を上下左右に分解する眼を養うことで、誰もが一五〇年以上前の文字に親しむことができるようになります。

絵で学ぶ古文書講座

漂流民と異国船との出会い

二三六頁　一、九〇〇円

鎖国下に遭難・漂流した船の乗組員らの壮絶な体験、それを助けた異国人との心温まる交流。古文書に描かれた希少な絵（カラー六〇点）から読み解く一味違う入門書！

江戸が大好きになる古文書

二四〇頁　一、八〇〇円

江戸日本橋の大呉服商・白木屋を舞台にして、五二か条の従業員規則『永録』と犯罪取調書『明鑑録』の中から珠玉の素材を選び、誰でも必ず読めるようになる解読法を伝授します。

古文書はこんなに魅力的

二九二頁　一、八〇〇円

村を抜け出した利助さん（三一歳）と、店を抜け出した六兵衛さん（三〇歳）。働き盛りの二人が生きた、およそ一五〇年前の江戸時代を、油井先生がわかりやすく案内します。

古文書はこんなに面白い

二六〇頁　一、八〇〇円

おでんちゃん（一〇歳）と友八くん（一一歳）をめぐる史料を教科書に、歴史を学ぶ楽しさと古文書を読む面白さが味わえる。大人気の古文書講座がそのまま一冊の本に。